ACADEMIA SOCIETY　杉田 米行 監修　NO.12

カウンターカルチャーの
アメリカ【第2版】

希望と失望の1960年代

竹林 修一 著

大学教育出版

カウンターカルチャーのアメリカ　第2版
―希望と失望の1960年代―

目　次

序　章　社会的安定と不安定のはざまに生まれたカウンターカルチャー *1*

　　公民権運動　*3*

　　キューバ危機、ヴェトナム戦争　*4*

　　ブラック・パワー　*5*

　　科学の時代　*6*

第1部　カウンターカルチャーの誕生

第1章　解放のメタファーとしてのロック音楽 *14*

　　ロックの誕生　*14*

　　レコーディング技術の進歩　*16*

　　ロックとカウンターカルチャー　*17*

　　グレイトフル・デッド　*19*

　　身体性の重視　*21*

　　ビル・グラムのロック・ビジネス　*21*

　　ジェンダー、人種の融合　*23*

　　ジャニス・ジョプリン　*26*

　　白人としての黒人ヘンドリックス　*27*

　　まとめ　*31*

第2章　自己回復手段としてのLSD *33*

　　サンフランシスコにおけるLSDの普及　*34*

　　トリップス・フェスティバル　*36*

　　東海岸におけるLSD　*38*

　　『オラクル』創刊、サイケデリック・アート　*39*

　　『タイム』誌の記事　*40*

　　LSDの歴史　*41*

　　精神を人為的に変える　*42*

　　ペプシ・コーラの広告戦略　*44*

1963年はLSD文化の分岐点　　45
　　　LSD非合法化　47
　　　バナナ・デマ　49
　　　LSD卒業記念パーティー　50
　　　まとめ　51

第3章　フリー、ストリート・シアター、イッピー
　　　――革命という名の演劇 ………………………………… 54
　　　サンフランシスコ・マイム・トループ　54
　　　ディッガーズ誕生　58
　　　ヒッピーの経済学　61
　　　イッピーズ　63
　　　まとめ　65

第4章　共同体的に生きる
　　　――コミューンという静かな革命 ……………………… 66
　　　コミューンの実際例1：『ライフ』誌から　68
　　　コミューンの実際例2：『ランパーツ』誌から　69
　　　コミューンを可能にした外部的条件　71
　　　エコロジー意識の形成　72
　　　ブランド『ホール・アース・カタログ』　74
　　　コミューンの難しさ　76
　　　例外的に長続きしたコミューン　79
　　　アメリカ史におけるコミューン運動　80
　　　まとめ　82

第5章　禅、ヘッセ、ヨガ
　　　――東洋をとおしてアメリカを見たヒッピーたち ……… 84
　　　ビート・ジェネレーション　84

ビートルズとインド　　86
　　　ヘルマン・ヘッセ　　88
　　　戦後アメリカとアジア文化とカウンターカルチャー　　91
　　　大学という環境　　92
　　　革命ヒーローとしての毛沢東　　95
　　　LSDから禅、瞑想へ　　96
　　　まとめ　　98

第2部　連係されるカウンターカルチャー

第6章　インディペンデント・シネマに描かれたヒッピー世代の挫折 … 102
　　　『イージー・ライダー』　　102
　　　『卒業』　　105
　　　『ミッドナイト・カウボーイ』　　107
　　　『俺たちに明日はない』　　111
　　　インディペンデント・シネマの誕生　　113
　　　反体制的な体制遵守としてのインディペンデント・シネマ　　115
　　　まとめ　　116

第7章　タイプライターで体制を揺さぶる
　　　――ニュー・ジャーナリズムの誕生 …………………………… 117
　　　ハンター・トンプソン『ヘルズ・エンジェルズ』　　119
　　　トム・ウルフ『クール・クールLSD交感テスト』　　120
　　　ジョアン・ディディオン「ベツレヘムに向かってだらだらと」　　121
　　　ニュー・ジャーナリズムの文体　　122
　　　ニュー・ジャーナリズム作家のキャリア形成　　124
　　　ゲイ・タリーズ『汝の父を敬え』　　126
　　　トルーマン・カポーティ『冷血』　　128
　　　ノーマン・メイラー『夜の軍隊』　　130

　　　　　　　　　　　　　　　　　　　　　　　　目次 v

　　　『ローリング・ストーン』　*132*
　　　『ニューヨーク』　*133*
　　　まとめ　*135*

第8章　パーソナル・コンピューターの黎明
　　　——1970年代に引き継がれたカウンターカルチャー ……… *138*
　　　ARPA、ARPANETの誕生　*140*
　　　ハッカーの誕生　*141*
　　　テクノ・ユートピアとテクノフォビア　*144*
　　　1970年代のベイエリア　*145*
　　　キャプテン・クランチ　*148*
　　　プロジェクト・グーテンベルグ　*150*
　　　情報はフリーになりたがっている　*151*
　　　ハッカー文化と資本主義　*151*
　　　まとめ　*152*

終　章　崩れ去ったピース＆ラブ、そしてカウンターカルチャーが
　　　残したもの…………………………………………………… *155*
　　　1968年　*155*
　　　ウッドストック　*156*
　　　チャールズ・マンソン　*156*
　　　ウェザー・アンダーグラウンド　*157*
　　　アルタモント・フリー・コンサート　*158*
　　　ケント州立大学、ジャクソン州立大学の連続悲劇　*159*
　　　「終わり」の感覚　*161*
　　　パトリシア・ハースト　*162*
　　　カウンターカルチャーからニューエイジへ　*163*
　　　カウンターカルチャーの構造的矛盾　*164*
　　　反抗的精神の商品化　*165*

附　章　反逆の大衆化 ── カウンターカルチャー前史としての
　　　　ビート・ジェネレーション ……………………………… *169*
　　分かれる評価　*170*
　　アレン・ギンズバーグ　*171*
　　ジャック・ケルアック　*174*
　　1950年代サンフランシスコとビート・ジェネレーションの誕生　*175*
　　「ビート・ジェネレーション」の由来　*177*
　　ビートニク　*178*
　　ビートニクは反逆か　*180*
　　セレブリティとしてのビート　*181*
　　ビートの大衆化　*182*
　　『オン・ザ・ロード』出版までの紆余曲折　*185*
　　現実的に、かつ過激に　*187*
　　ビートとカウンターカルチャー　*189*

増補版あとがき……………………………………………………… *194*

あとがき……………………………………………………………… *195*

文　献………………………………………………………………… *196*

カウンターカルチャーのアメリカ　第2版
――希望と失望の1960年代――

序　章

社会的安定と不安定の
はざまに生まれたカウンターカルチャー

　アメリカの戦後は大量生産・大量消費による経済繁栄で始まった。好景気の恩恵を受けて、中流階級のアメリカ人は郊外に一軒家を持つことが可能となった。プレハブ方式の住宅が、低コスト・短期間で建てられた。戦前では、一部の金持ちだけが一軒家を所有できたが、戦後になると世間並みの収入で一軒家が買えるようになったのである。最大の貢献者はウィリアム・レヴィット（William Levitt）という不動産会社の社長である。レヴィットは、住宅建築を自動車の組み立てラインに見立てて、あらかじめ出来上がったパーツを現場で組み立てる工法を編み出した。したがって、どの家も似たり寄ったりなのは致し方なかったが、家の購入者にはそんなことは些細な問題だった。
　マイホームの夢を実現した家族が次に求めた物は家電製品だった。キッチンには冷蔵庫と電子レンジは必需品だった。ピルズベリー（Pillsbury）などの食品企業が電子レンジで簡単に調理できる製品を発売した。それから洗濯機も必需品だった。洗剤の改良も行われ、温水で洗わないと汚れが落ちなかったのが、冷水でも十分汚れが落ちるようになり、洗濯にかかる労働はかなり軽減された。そして、自動車である。1台ではなく、2台（夫用と妻用）持つ家族も珍しくなかった。当時の自動車メーカーは、毎年のようにモデル・チェンジして、購入意欲をそそった。
　居間にはテレビが鎮座した。テレビは1960年代半ばには、ほぼ全家庭に普及した。テレビを見れば、ニュース、スポーツ、エンターテインメント、ドラマなどあらゆるものを見、知ることができた。テレビを見ながら家族でそろって夕食という光景は幸福の象徴として、当時のアメリカ人は共有した。テレビ

の出現に対しては、人間の想像力を奪うとか、品性に欠けるアメリカ人を作るなどの否定的な意見を言う批評家が多かった[1]。テレビの是非論はここでは論じないが、少なくとも次の点は指摘しておきたい。すなわち、テレビはアメリカを集約するようなテイスト形成に貢献したという点である。テレビ局はスポンサーを獲得する必要から、アメリカ人の最大公約数的なテイストを探りながら番組を作った。結果として、番組のジャンルを問わず、テレビはアメリカ人の政治、社会、文化的な最大公約数的なテイストの発掘に尽力したということである。

一軒家を所有することが大衆化したように、高等教育も大衆化した。帰還兵士の社会復帰を助ける目的で制定されたG. I. ビル（G. I. Bill）という法律により、兵役を終えたアメリカ人は無償で大学に入学できることができた。これにより、帰還兵士の多くが大学教育を受けることが可能になった。学生を迎える大学側では、教員や教室の確保が追いつかず、講義は400人、500人を収容するような大教室を使うことが当たり前となった。「マス・ソサエティ」「マス・カルチャー」と批判的に呼ばれた大量生産・大量消費のライフ・スタイルは、大学にまで及んだのであった[2]。

繁栄による安定という時代的風潮に反旗を翻すような動きもあった。とりわけ文化・芸術分野で見られた。美術では、ポップ・アートが誕生した。アンディ・ウォホール（Andy Warhol）、ジム・ジョーンズ（Jim Jones）、ロイ・リクテンスタイン（Roy Lichtenstein）などが代表的である。これまでの美術の常識ではあり得なかった大量生産品（たとえば、缶スープやコカコーラの瓶）を題材にして、アートの概念を変えたのである。文学ではアレン・ギンズバーグ（Allen Ginsberg）やジャック・ケルアック（Jack Kerouac）などのビート・ジェネレーション作家たちが、自由奔放な文体で、個人を抑圧する体制を批判するような作品を書いた。また、非常に保守的だった性についても、アルフレッド・キンズィー（Alfred Kinsey）の性調査リポートや、ヒュー・ハフナー（Hugh Hefner）の『プレイボーイ』（Playboy）誌などが風穴を開けた。

1960年代は華々しく幕を開けた。1960年11月の大統領選で弱冠43歳のジョン・F・ケネディ（John F. Kennedy）（民主党）がリチャード・ニクソン

(Richard Nixon)（共和党）に僅差で勝利した。父も国会議員であり、アイルランドに祖先を持つカトリック教徒（注：カトリック教徒であるアイルランド系アメリカ人は、プロテスタントの国アメリカでは差別の対象とされてきた）であるケネディの勝利は、新しい時代を予感させるのに十分すぎるほどのインパクトがあった。

公民権運動

ケネディ大統領の任期と重なるように盛んになったのは公民権運動だった。1960年2月、ノース・キャロライナ州グリーンズボロの食堂で、サービスを拒否された4人の黒人学生がデモを行った。当時、特に南部では、飲食を提供する店は、白人専用、黒人専用と分かれているか、座る席で人種を分離していた。この4人の黒人学生は、白人専用のカウンター席に座ったためサービスを拒否されたのだが、ひるまずにサービスを要求し続けた。この様子がテレビで全国中継されると、アメリカ人は否応なしに自国の恥部を認めざるを得なかった。

公民権運動を推進したのは黒人だけでなく、若い世代を中心とした白人も相当数含まれた。同年4月には学生主体のSNCC（Student Nonviolent Coordinating Committee）が、黒人差別撤回を求めて結成された。設立当初のメンバーは黒人が主体だったが、白人大学生の支持を受けて、1964年には会員の半分は白人にまでに拡大した。差別感情が最も激しいとされていた州の1つであるミシシッピ州では、1962年10月に、州最大の公立大学に初の黒人学生ジェームス・メレディス（James Meredith）が入学した。

差別意識や差別システムは簡単に消えなかった。1963年になってもアラバマ州知事ジョージ・ウォレス（George Wallace）はあからさまに黒人差別の正当性を唱えた。州最大の公立大学であるアラバマ大学は依然、黒人の入学を認めなかった。1963年6月には、ミシシッピ州で黒人住民に選挙登録するよう啓蒙活動をしていた1934年結成の人種差別撤廃のための団体NAACP（National Association for the Advancement of Colored People）のメドガー・エヴァース（Medgar Evers）が人種差別を支持する白人によって刺殺された。

公民権運動が最高潮に達したのは、1963年8月のワシントン行進だった。首都ワシントンに人種平等を求める25万人の人びとが集まった。ボブ・ディラン（Bob Dylan）が"Blowin' in the Wind"を唄い、キング牧師（Martin Luther King, Jr.）は有名な"I Have a Dream"演説を行った。

同年11月22日の出来事はアメリカを失意の底に突き落とした。ケネディ大統領暗殺である。演説先のテキサス州ダラスでリー・オズワルド（Lee Oswald）という男によって銃弾に倒れた。国民はテレビ映像で襲撃の瞬間を繰り返し見たことにより、ケネディ暗殺はアメリカ国民の共有記憶となった。ケネディの後を引き継いだジョンソン大統領は、1964年に公民権法（Civil Rights Act）に署名し、公民権運動は一応の成果を収めた。法律上は、参政権、就職や住宅購入の際の差別撤廃、学校差別などの人種平等が実現されたわけである。翌年には大統領の行政命令としてアファーマティブ・アクションの実施に踏み切った。

キューバ危機、ヴェトナム戦争

公民権法が1960年代の明るいニュースだったとすれば、悪いニュースの筆頭は冷戦体制下の外交問題だった。最初の困難は、海を隔てた隣国キューバへの対応だった。1959年に誕生した反米・親ソヴィエトのカストロ政権に対して、アメリカ政府は圧力をかけた。1962年2月、対キューバ禁輸措置（食糧、薬は除く）をとる一方で、極秘にキューバ国内の反カストロ勢力に武器援助や訓練を施し、カストロ政権打倒をもくろんだが、さしたる成果を得られなかった。政治的最大の危機は1962年10月に訪れた。アメリカ政府は、ソヴィエトがキューバに原子力爆弾を供給している証拠を掴んだのだった。ケネディは、核弾頭搭載の爆撃機をソヴィエト国境近くに配置し、臨戦態勢を敷いた。

ソヴィエトとの交渉が成立し、キューバ危機は沈静化したものの、アメリカが直面した次なる外交問題はヴェトナムだった。ソヴィエトとの覇権争いで、1つの国が共産主義化すれば隣接する国も次々に共産化してしまうというドミノ理論を前提に外交政策を立てていたアメリカは、アジアにおける共産主義の浸透を阻止するために、ヴェトナム内戦に介入する選択をした。そして、1964

年8月、北ヴェトナムがトンキン湾で米国艦隊を攻撃したことをきっかけに、アメリカ政府はヴェトナムへの本格的軍事介入に踏み切った。

しかし、短期間で終わると思われた戦争はなかなか終わらず、当初は軍事介入を支持した国民のムードも徐々に反戦へと移っていった。最初に反戦の意思を示したのは大学生だった。学生を中心に結成された政治団体 SDS（Students for a Democratic Society）が、1965年4月にヴェトナム軍事介入に反対するためワシントン行進を行ったのを皮切りに、全国のキャンパスでは反戦運動デモが行われるようになった。本書のテーマであるカウンターカルチャーとよばれる対抗文化が始まったのはこのころである。

年が進むにつれ、ヴェトナムの事態は深刻化していった。1968年1月にはソヴィエトの支援を受けた北ヴェトナム軍が、サイゴンを始めとする南ヴェトナムの拠点を次々に攻撃した（テト攻勢 Tet Offensive）。この時点ではすでに、学生だけでなく、国民の多数はこれ以上戦争に関わることには反対だった。戦争継続の責任者として非難にさらされていたロバート・マクナマラ（Robert McNamara）国防長官は2月に辞任を表明、続いて3月にはジョンソン大統領が北爆の一部中止と同時に、自身の大統領選再出馬断念を発表した。

1968年はヴェトナムの戦況悪化だけでなく、国内でもショッキングな出来事が相次いだ。4月にはテネシー州メンフィスで、公民権運動のリーダーだったキング牧師が暗殺された。6月、民主党の大統領候補として有利に選挙戦を展開していたロバート・ケネディ（Robert Kennedy ジョン・F・ケネディの実弟）が暗殺された。8月、シカゴで開かれた民主党大統領候補を正式決定するための党全国大会において、学生デモ隊とシカゴ警察が衝突し、逮捕者を多数出した。10月、任期終了間近のジョンソン大統領は北ヴェトナムに対する攻撃の全面停止を決めた。

ブラック・パワー

ジョンソン大統領による公民権法成立は偉大な成果であり、社会も差別撤廃の方向に向かい始めたことは評価すべきである。たとえば、1967年6月の最高裁判決は、ヴァージニア州の異人種間結婚禁止の州法を違憲とした。1967

年10月には、黒人初の最高裁判事としてサーグッド・マーシャル（Thurgood Marshall）が任命された。しかし、大統領の署名や、最高裁の違憲判決で、社会がすっかり変わるはずはなかった。黒人コミュニティでは差別に対する長年の鬱積は、依然として残っていた。1965年8月、ロスアンジェルスの黒人居住区で暴動が発生した。車を運転していた黒人が警察に職務質問を受けて逮捕されたことに端を発した暴動で、30人を超す死者、4,000人を超える逮捕者を出した（Watts Riots）。警察の嫌がらせや、白人住民の差別に対する感情に端を発する暴動は、デトロイトなど他の都市でも発生した。

　依然続く白人の差別に対抗するために、カリフォルニア州オークランド（サンフランシスコと海を挟んで接する町）で1966年10月にブラック・パンサー党（Black Panther Party）が結成された。当初は、警官などから受ける暴力から身を守るための自衛的武力の行使を目的にしていたが、徐々に先鋭化していき、白人との融和より黒人のみのコミュニティを作ろうとした。SNCCは、1964年には白人のメンバーが半分を占めていたが、翌年には白人を組織から追放した。1967年になると、SNCCのリーダー的存在だったストックリー・カーマイケル（Stokely Carmichael）が、「ブラック・パワー」のスローガンを使い始めた。ボクサーのモハメド・アリ（Muhammad Ali）が兵役招集を拒否したのもこの頃である。そのためアリは世界王者の資格を剥奪されただけでなく、ボクサー・ライセンスとパスポートも剥奪されたため、約3年半の間試合をすることができなかった。1968年10月のメキシコシティ・オリンピックで、2人のアメリカ黒人陸上選手がメダル授与式で、ブラック・パワー・サルートと呼ばれる政治的パフォーマンスを行ったとしてメダルを剥奪された。

科学の時代

　1960年代は科学の時代でもあった。冷戦構造の産物と言ってもよいかもしれないが、アメリカはソヴィエトとの軍備競争に負けるわけにはいかず、おのずと科学分野にたっぷりと予算を充てた。1957年、ソヴィエトの人工衛星スプートニクの打ち上げ成功に慌てたアメリカ政府は、軍備や科学技術、それに科学教育に予算を重点的に配分した。ケネディ大統領はアポロ計画を打ち出

し、月に人類を送る壮大なプロジェクトが始まった。実際にそれは現実となった。1969年7月、ニール・アームストロングほか2人の宇宙飛行士が、人類で初めて月面に足を踏み下ろした。また、ロケット科学が一般庶民の間にも広まった。科学雑誌はロケットに乗って火星や木星に行く可能性を熱く語った。

　科学の飛躍的な発展の裏返しとして、環境への関心が高まったのもこの時代だった。1962年出版の『沈黙の春』（Silent Spring）で生物学者のレイチェル・カーソン（Rachel Carson）は、防虫剤として使われていたDDTという物質が生態系に及ぼす悪影響について警告した。1969年には、カリフォルニア州南部のサンタバーバラ沖で、石油タンク船の爆発により、原油で海が汚染されるという当時最大の石油汚染事故が起こった。一方では、1968年のアポロ8号が大気圏外から地球の全体写真を撮影したことで、人類は初めて地球を外側から見た。国境や人種の対立を超えて、人類全体で地球環境を守らなければいけないことを悟らせた。このような流れを受けて、1970年4月に初のアース・デイ（Earth Day）が開催され、12月には政府は環境保護庁（Environment Protection Agency）を設立した。

　以上のような時代に生まれたのがカウンターカルチャーだった。一言で言い表すのは難しいが、カウンターカルチャーとは、既成権力や親の世代の価値観に抵抗して、若い世代のアメリカ人が独自の文化を作った現象を指す。特定の組織や人物によって展開された運動ではなく、多種多様でエキセントリックな文化実践が同時多発的に起こった。たとえば、ロック音楽、ドラッグ、自由な性交渉、コミューン生活などである。彼らの動機は、彼らの親が持っていた人生観、すなわち、なるべく早く結婚して、安定した職に就き、子どもを育てるという規範的人生への反発であり、ひいては、彼らが育ったアメリカの既存システムに対する文化的対抗であった。物質文明に背を向けるようなコミューン生活を営み、ロック音楽に狂喜乱舞し、LSDというドラッグを試しては意識の変容を図った。それから、ヴェトナム反戦運動に積極性に参加した。男も女も長髪を好み、サイケデリックと呼ばれた極彩色の服をまとい、ヘルマン・ヘッセ（Hermann Hesse）の小説、東洋宗教、ネイティヴ・アメリカンに関心を寄せた。

彼らはヒッピーと呼ばれた。ヒッピー（hippie）という語は、1965年9月の『サンフランシスコ・エグザミナー』紙で、新世代の若者文化を紹介した特集記事の中で使われたのが最初であるとされている。ヒップ（hip）という、知的でありながら、無難よりも大胆さ、快適よりも快楽を優先するような生き方をする感性的に飛び抜けた人間をさす語をもじったものである。ヒッピーたちは理論武装したわけではなかった。彼らの文化的闘争を理論的に支援する研究者はいたが、ヒッピー自身は自らの感性にしたがって行動したにすぎない。しかし、カウンターカルチャーは根源的な問いかけをアメリカに対して提起した。彼らが提起したのは、アメリカの価値観に関わる対抗運動だった[3]。

　本書は1960年代後半にアメリカで起こったカウンターカルチャーの概説書である。第一部では、カウンターカルチャーを特徴づけた代表的な5つの文化運動について考察する。第1章は、カウンターカルチャーの代名詞的存在感を示したロック音楽を考察する。1950年代半ばに登場したロックンロールから1960年代終わりのサイケデリック・ロックまでの歴史を簡単に振り返りながら、ロックの何がヒッピーたちを夢中にさせたのかを論じる。ロックとは、単なる娯楽のためのポピュラー音楽ではなく、彼らの社会観が凝縮された芸術形式であった。さらに、アメリカが抱えていた人種差別の問題や、ちょうど同時期に盛んになったフェミニズムが提起した問題に対して、音楽的に答えを提出する役目も果たした。

　第2章はLSDを扱う。戦後のアメリカ社会では、科学の力によって精神をコントロールできるという考えが支配していた。アルコール消費や精神科医の増加などはそのことを証明する。LSDに関しても、この薬物がヒッピーたちに渡る1960年代以前は、医師の指導のもとで治療薬として使われていたという事実はあまり知られていない。LSDは、したがって、ヒッピーたちによる奇異な文化風習として考えるよりも、戦後アメリカを支配した「精神」に対する態度の一形態として理解する方がよい。

　第3章では、演劇という芸術形式がカウンターカルチャーの進展に従い、過激化する過程を追う。サンフランシスコでは、カウンターカルチャー以前か

ら、サンフランシスコ・マイム・トループ（San Francisco Mime Troupe）という社会風刺劇団が活動していた。やがて、同劇団は分裂して、一方はディッガーズ（Diggers）と名乗り、食事や生活必需品を無料で配給する活動を始めた。ユートピア思想にとりつかれ、資本主義を否定するかのようなディッガーズの活動に刺激を受けて、ニューヨークで YIP（Youth International Party）とよばれるグループができた。本格的な反政府組織にはほど遠かったが、アメリカというシステムの転覆を図った YIP は、1968 年の民主党全国大会やその後も幾度か反社会的な示威行動を行った。第 3 章はこれらの 3 つのグループに焦点を絞り、詳述する。

　第 4 章は、カウンターカルチャー後期に現れたコミューン・ブームについて考える。コミューンとは、自給自足と精神的な充実を求めたヒッピーたちが、都会を離れて、農村地帯で農作業をしながら集団生活をしたことを指すのだが、現実は甘くはなかった。ほとんどのコミューンは短期間で解散した。全体としてコミューン運動は失敗に終わったものの、その意義は過小評価するべきではないということを、第 4 章では述べていきたい。

　第 5 章は、東洋文化とカウンターカルチャーの関係を考える。アメリカの本流をなす生活様式になじめなかったヒッピーたちは、非アメリカ的なものに憧れる傾向があった。その代表的なものが東洋文化への関心だった。たとえば、禅、仏教、ヒンズー教、そしてヘルマン・ヘッセの小説だった。さらには、もっと身近なネイティヴ・アメリカン文化への接近もあった。ヒッピーたちは、これらの非主流文化への接近をつうじて、アメリカに対する批判精神と自らの文化的アイデンティティを形成していった。

　第二部では、カウンターカルチャー圏外で起こった現象でありながら、カウンターカルチャーと同時代的で密接な関連をもつ 3 つのテーマを考察する。映画、ジャーナリズム、そしてパーソナル・コンピューターである。なぜ、カウンターカルチャーと直接関係のないテーマを扱うのかと言えば、カウンターカルチャーは大学生世代が起こした特異な一過性の現象ではなく、アメリカ社会が変革していく過程で現れた一つの象徴的出来事だったからである。第 6 章で論じるインディペンデント・シネマは、ハリウッドが起死回生をかけて生み

出した新しいジャンルである。『卒業』や『イージー・ライダー』などのヒット作品は、カウンターカルチャー的な素材を盛り込むことで、映画館から遠ざかっていた若い観客層を取り戻すことに成功した。この商業的成功は何を意味するのかを考えるのが第6章の目的である。

　第7章は、ニュー・ジャーナリズムの代表的作品を幾つか取り上げて、カウンターカルチャーとの親和性を論じる。映画産業が変革を求められたように、ジャーナリズム界も従来の執筆手法が読者にアピールしなくなっていることに危機感を抱いていた。そこで、1960年代後半にニュー・ジャーナリズムと呼ばれた作品が、主流雑誌に相次いで掲載されるようになった。第7章では、具体的な作品をつうじてニュー・ジャーナリズムの特徴を詳述するとともに、作家たちの問題意識が、カウンターカルチャーを作ったヒッピーたちのそれと近かったことを論じる。

　最後の第8章は、パーソナル・コンピューターの誕生を扱う。本書の主張は、カウンターカルチャーは真性の反権力文化でなはく、メインストリームと二人三脚の関係をもつ文化様式だったということであるが、パーソナル・コンピューターの誕生は、この主張をもっとも直接に具現化した。パーソナル・コンピューターが製品化されるのは1970年代の終わりであり、本書が対象とするカウンターカルチャーの時代より少し後だが、パーソナル・コンピューター誕生に貢献した人びとの多くはカウンターカルチャーの影響を強く受けた。だから、製品として日の目を見るのは1970年代終わりであるという事実はあるにせよ、本書の締めくくりの章とするにふさわしいと判断した。

　本書に出てくる多くの出来事はサンフランシスコとその近郊のベイエリアと呼ばれる地域で起きた。サンフランシスコには、ヒッピーと呼ばれた若者が多く集まり、独特の文化圏を作る一方で、そこで生まれた音楽やファッションなどが商品としてマーケットをつうじて全国に流通した。もちろん、ベイエリア以外でも、注目すべきカウンターカルチャー現象は見られたし、そういう幾つかは本書でも取り上げる。それでもなお、カウンターカルチャーは、サンフランシスコで始まりサンフランシスコで終わったというのが大方の理解であるので、本書も通説にしたがい、サンフランシスコを中心とした記述方針を採用

することにした。

　カウンターカルチャーを一言で表現するのは、ほとんど不可能な試みである。なぜなら、起きた現象については非常に多様な価値観を読み取ることができるからである。片方には、労働や経済原理を無視したディッガーズやコミューン・ヒッピーがいれば、もう片方にはヒッピーを相手に音楽や雑誌を売り、金を稼いだ者もいた。YIPのように、メディアを我が庭のように利用し、体制転覆（らしきこと）を計った者も出てきた。これらすべての現象に共通する原理・思想を見つけることはできそうにない。

　しかしながら、この時代のアメリカ社会を大きな枠組みで見ると、カウンターカルチャーは1つの運動として、その存在感を発揮した。1960年代後半のカウンターカルチャーを作ったヒッピーたちが提示したのは、高度に発展した資本主義社会において、社会変革はいかにして可能かという大きなテーマだったからである。ダニエル・ベル（Daniel Bell）という社会学者は、この時代のアメリカの問題を「資本主義の文化的矛盾」と名付けたが、戦後アメリカ社会の矛盾を十分認識し、いくつかの解決策を提示したのがカウンターカルチャーだった。ヒッピー自身は、そこまで大きなヴィジョンを持っていたとは限らないが、後から振り返れば、ヒッピーたちのやろうとしていたことは、アメリカの根本的な問題に切り込んだことが分かる。そのあたりの具体的なことを、各章で論じていく。

注

1) もっとも初期の批判に、Norman Cousins, "The Time Trap," *Saturday Review of Literature* (December 24, 1949), 20.
2) Terry H. Anderson, *The Movement and The Sixties: Protest in America from Greensboro to Wounded Knee* (Cambridge: Oxford University Press, 1996), 97.
3) David Farber, *The Age of Great Dreams: America in the 1960s* (New York: Hill and Wang, 1994), 168.

第1部

カウンターカルチャーの誕生

第1章 解放のメタファーとしてのロック音楽

　ロック音楽は年上の世代には受けが悪かった。親の世代はロック音楽を暴力的だと考え、子どもの成長に悪影響を与えるのではないかという不安を持った。もっと極端な例だと、ロックは共産主義者の洗脳ツールだと主張する者までいたほどである。子どもを非行に走らせるとか、共産主義思想に染まるというのはもちろん何の根拠もない妄想だが、ロックが家族全員で楽しめるような種類の音楽ではなかったという事実は、ロックに対するある種の所有感、あるいはロックを理解できる者同士が築く連帯感を形成した。若い世代はロックに対して、自分たちの生活感覚、世界観をうまく言い表しているという感覚を持ち始めた。この感覚は、親の世代が聞いてきたフランク・シナトラ（Frank Sinatra）やナット・キング・コール（Nat King Cole）などの歌では持つことのできなかったものである。かくしてロックは単に若者の嗜好に合う音楽という以上の意味を持った。

　本章は、ロック音楽がカウンターカルチャー世代にとって文化的アイデンティティ形成の強力なツールとなった過程を検討する。ポピュラー音楽史におけるロックの誕生は1950年代前半とされているが、1960年代後半になるとロックは質的にかなり変化を遂げていた。その変化をたどりながら、カウンターカルチャー期のロックの特徴を明らかにしていきたい。

ロックの誕生

　通説によると、ロックの誕生は1950年代前半のアメリカ南部に遡る。エルヴィス・プレスリー（Elvis Presley）がテネシー州メンフィスの小さなレコー

ド・スタジオで、"That's All Right"他の曲を録音した瞬間だとされている。プレスリーの音楽はこれまでになかった新しさと文化的危険性をはらんでいた。何が新しかったかというと、主に都市部の黒人に聴かれていたリズム＆ブルースや、主に地方の労働者階級の白人が好んだカントリーやヒルビリーなどのジャンルの音楽を融合させて、メインストリームの音楽にした点である。プレスリーの音楽に心を震わせたのは10代の少年少女だった。第二次世界大戦後のベビー・ブームにより若年層の人口が増えたので、音楽などの娯楽産業では10代向けのマーケットが誕生した。これまでのポピュラー音楽には満足しない少年少女の心を捉えたのが、これまでマイナー扱いされていたリズム＆ブルースやカントリーを現代風にアレンジしたプレスリーだった。

　プレスリーの他にも、少年少女の心を熱くさせたロックンローラーはたくさんいた。"Maybellene" "Sweet Little Sixteen"などのヒット曲を持つチャック・ベリー（Chuck Berry）、"Great Balls of Fire"で有名なジェリー・リー・ルイス（Jerry Lee Lewis）、"It's So Easy" "Words of Love"のバディ・ホリー（Buddy Holly）、"Be Bop a Lula"のジーン・ヴィンセント（Gene Vincent）"Summertime Blues"のエディ・コクラン（Eddie Cochran）、そして"Tutti Frutti"のリトル・リチャード（Little Richard）など、それぞれに特徴を持つロックンローラーが、1950年代後半に登場した。

　この新しさは同時に危険でもあった。都市部に住む白人の親からすれば、自分の子どもが田舎くさく垢抜けないカントリーや、黒人向けのリズム＆ブルースのような「低俗」「悪趣味」な音楽に夢中になる姿に不安がよぎったからである。社会階級と同じく、文化にも階級があり、中流階級に属する人間は、中流階級としてどんな種類の文化を享受するべきかを知っている。当時の音楽で言えば、フランク・シナトラやドリス・デイ（Doris Day　女性歌手で"Que Sera Sera"などのヒット曲がある）などが、中流階級のテイストにあった歌手だった。したがって、カントリーやリズム＆ブルースをより粗野にしたようなロックンロールを受け入れてしまう子どもは、文化的に危険な存在に映った。

　ロックンロールの創始者たちのほとんどは、しかしながら、1950年代が終わる頃には表舞台から姿を消した。理由はさまざまだった。プレスリーは軍に

入隊してドイツに赴いた。ベリーは婦女暴行の疑いで逮捕された。ホリーは飛行機事故で亡くなった。ルイスは13歳の姪と結婚したことでスキャンダルに消された。追い打ちをかけるように、1960年に賄賂事件が起こった。ラジオのロックンロール番組のホストが、レコード会社から特定のレコード、すなわちロックンロールのレコードをプレイする見返りに金銭を受け取っていたことが明らかになった。ロックンロールの特徴である大音量、速いリズム、それに性的連想をさせる歌詞や歌い方が保守層から問題視されていた上に、シンガーが次々と消えていき、さらに賄賂事件まで起きたので、レコード会社の方もロックンロールをこれ以上売り出しにくい状況になった。ロックンロールは、1960年代が始まったときにはすでに下火となっていた。

レコーディング技術の進歩

　ロックンロールの創始者たちが、様々な理由により表舞台から姿を消し始めた1957年あたりから、カウンターカルチャーが開花する1966年の約10年間は、音楽産業にとってめざましい技術革新が起こった。第一は、レコード盤の技術改良である。1分間78回転のSP盤（スタンダード・プレイ。演奏時間は4分程度）から、45回転のシングル盤（5分から7分程度の演奏時間）と、$33\frac{1}{3}$回転のLP盤（ロング・プレイ。片面で20分超、両面で40分以上の演奏時間）に取って代わられた。特に、LPレコードの登場は、ミュージシャンやレコード会社にとって、音楽制作の意味を変えた。40分を超える演奏を1枚のレコードに収録できることで、ミュージシャンは、シングルを散発的に売るという発想から、アルバム全体にテーマを持たせるコンセプト・アルバムの制作が可能になった。

　それから、ステレオ・レコーディングが始まったのは1958年である。トラック数が2、4、8、16、24と増えていき、レコーディング作業の細分化が可能になったことは、ミュージシャンやプロデューサーに音楽表現の自由を与えた。フィル・スペクター（Phil Spector 音楽プロデューサー。1960年代に数多くのシンガーの楽曲を手がけた。wall of soundと呼ばれた厚みのあるサウンドを作った。"Be My Baby" "You've Lost That Lovin' Feelin'" などのヒッ

ト曲がある)、ビートルズ (The Beatles) の *Rubber Soul*、ビーチ・ボーイズ (The Beach Boys) の *Pet Sounds* などと、1950年代のプレスリーやホリーのレコードを聞き比べると、音楽の質の違いとは別に、サウンドの質の変化に驚かされる。レコーディング・スタジオにミュージシャンを集めて、「いっせーのせー」で何度か録音して、出来のよいテイクをレコードにするという作業から、エンジニアやプロデューサーがスタジオに何日もこもり、トラックごとに楽器を録音して、オーバーダビングを行い、各トラックのバランスを調整し、最終的にマスター音源を完成するという職人技の域に到達したわけである。

聴く側にも技術の進歩の恩恵があった。音楽のより細かいニュアンスを再現できるハイ・フィデリティ (Hi-Fidelity。略して Hi-Fi〈ハイファイ〉と呼ばれることが多い) と呼ばれた高音質のスピーカーが普及した。これは通常は自室で聴くために、音楽を聴くという体験は個人的体験となった。これまでは、音楽とは学校や夏のキャンプや、ダンスホールなど、集団として体験するものだったが、ラジオ (かつては一家の居間に鎮座していたが、いまではその座をテレビに明け渡した) やハイファイというテクノロジーをつうじて、個人体験として聴く音楽に変わった。

ロックとカウンターカルチャー

いったん、ロックンロールは下火となったが、1964年にイギリス人バンド、ビートルズのアメリカ進出で再び火がついた。ビートルズのメンバーは、少年期に、プレスリーやベリーを聞いて育ったので、彼らの音楽にはロックンロールの先達のエッセンスが盛り込まれていた。ビートルズはアイドル的存在としてデビューした。初期の代表曲、"I Wanna Hold Your Hand" や "She Loves You" では思春期の恋愛がテーマとなっていたが、メンバー自身も歳を重ねていくにしたがい、また音楽性の進化も伴いながら、ビートルズの歌は徐々に大人の歌に進化した。1965年の *Rubber Soul*、1966年の *Revolver* の両アルバムでは、少年少女特有の無垢的な要素は後退し、歌詞は内省的な内容に変化した。恋愛の歌も歌ったが、以前のような恋に恋するような無邪気な歌詞ではなくなった。1967年6月発売のアルバム *Sgt. Pepper's Lonely Hearts Club Band*

はとりわけ、ロックの最高峰と評価された。歌詞の深遠さ、レコーディング技術の域を極めたこのアルバムは、今日でもビートルズのベスト・アルバムにあげられるほどの完成度の高さである。

　サンフランシスコでは、地元出身のロック・バンドがひしめき合い、ライブ活動を活発に行っていた。特に人気の高かったのは、ジェファーソン・エアプレイン（Jefferson Airplane）、グレイトフル・デッド（Grateful Dead）、カントリー・ジョー&ザ・フィシュ（Country Joe and the Fish）、ビッグ・ブラザー&ホールディング・カンパニー（Big Brother & the Holding Company）などだった。

　これらのバンドは、レコード会社の宣伝でファンを獲得したというよりは、ライブ活動を通じたファンの口コミでファンを増やし、全国的人気のロックバンドに成長するが、地元のコアなファンという地盤をもったことは、単なるロック・バンド以上のファンとの有機的な繋がりを得た。このことはベイエリアのカウンターカルチャーとロックを考える上で重要になってくる。たとえば、バンドとファンとの特別な関係が昇華したのがロック・フェスティバルである。複数のバンドやシンガーが一堂に会し、順々に持ち歌を歌っていく形式の野外コンサートのことである。今日でもアメリカや日本で行われているロック・フェスティバルの原型は、カウンターカルチャー期にできたものである。

　カウンターカルチャー期にベイエリアで行われた最初のロック・フェスティバルは、1967年6月のモンタレー・ポップ・フェスティバル（Monterey International Pop Festival）だった。同じ町で1958年から毎年開催されていたジャズ・フェスティバルのロック版として企画されたフェスティバルには、計30組のバンドが集まり、3日間にわたり演奏を繰り広げた。かならずしも「ロック」のジャンルには入らないバンドもあったが、入場者数は20万人ともいわれており、このフェスティバルに吸い寄せられるように、全国から10万人の若者がサンフランシスコに押し寄せるサマー・オブ・ラヴとよばれる社会現象を起こした。

　モンタレー・ポップ・フェスティバルは、宣伝はおもにサンフランシスコ界隈のアンダーグラウンド新聞を通じて行い、アーティストはノーギャラで出演

し、セキュリティは警察ではなく、ヘルズ・エンジェルズ（Hells Angels）という地元のオートバイ愛好家集団があたったというアマチュアっぽい要素もあったが、イベントを成功に導いたのはイベント責任者たちのビジネス・スキルによるところが大きかった。フェスティバルを運営するには組織として多数のスタッフと専門知識や経験を要する。ロケーションの確保から始まり、出演交渉、宣伝、ステージ設営、音声・照明、来場者用のトイレや救急テント、コンサートを撮影して映画として権利を販売する交渉など、各分野で専門知識と技術、ノウハウがなければフェスティバルは成立し得ない。

モントレー・ポップ・フェスティバルの運営責任者には、ジョン・フィリップス（John Phillips スコット・マッケンジーが歌った"San Francisco"の作曲者）と、ルー・アドラー（Lou Adler サム・クックが歌った1960年のヒット曲"Wonderful World"の作曲者。のちに音楽ビジネスに転じた）という有名歌手があたり、彼らの人脈で優秀なスタッフを集めることができた。広報担当にはビートルズを担当した経験のある者が就いた。

要するに、音楽ビジネスの第一線で仕事をした人たちがモントレー・ポップ・フェスティバルを実現した。モントレー・ポップ・フェスティバルはあらゆる意味において成功だった。観客の満足度はもちろんのこと、物流、設営、安全確保、音響などすべてにおいてスタッフは優れた仕事をした。フェスティバルの演奏は映画監督 D.A. ペネベイカーによって撮影され、のちにビデオ[1]が発売された。収支決算では20万ドルの収入を上げたとされており、うち5万ドルはニューヨークの低所得家庭の子供にギターを教える団体に寄付し、さらに財団を設立してヘイト・アッシュベリー・フリー・クリニックの運営資金などに充てた。

グレイトフル・デッド

数あるロック・バンドの中で、もっとも強固なファン・コミュニティを作ったのはグレイトフル・デッドだった。1965年にサンフランシスコでデビューし、フィルモア（Fillmore）などのホールでの定期コンサート、ロック・フェスティバルへの出場などでファンを獲得していった。音楽的な引き出しが

豊富で、卓越した演奏技術をもったバンドだった。リーダーのジェリー・ガルシア（Jerry Garcia）はカルト的な人気を博した。グレイトフル・デッドの熱狂的ファンはデッド・フリークス（のちに呼び名が変わりデッドヘッズ deadheads）と呼ばれた。

　グレイトフル・デッドのコンサート会場は、市場（いちば）のようだった。ホール脇の駐車場などのスペースでは露天商人がひしめき、サイケデリック・ファッション、亜鉛化窒素（笑気ガス）、海賊版テープ、バンドの写真（ファンが私的に撮影した写真）、野菜ブリートー、ビール、水パイプ（注：マリファナ吸引に使う。マリファナは非合法薬物であり、当然刑罰の対象となるが、警察もあまり厳しく取り締まらなかったらしい）、お香、染め抜きのTシャツ、宝石（といっても安価なもの）を売った。現金がない客は物々交換も可能だった。売られている品物の中には、たしかに問題をはらむ物もあったが、全体としてこのような場所はファン同士の結びつきを醸成するという機能があった。とくに物々交換では、貨幣と商品の交換とは違い、何と何を交換するかを決めるための交渉が必要になるため、ファン同士の交流を促進した。

　グレイトフル・デッドのコンサートでは、私的録音が許されていた。本来は著作権法などの理由で違法だが、グレイトフル・デッドはおおめに見た。ファンは録音器材を持ち込んで、マイクを立てて堂々と私的録音に勤しんだ。このようなファンはテイパー（tapers）と呼ばれた。ショーの会場でも堂々と海賊テープの売買ができた。

　私的録音を認めることの意味は大きい。ショーを行うごとに膨大な海賊テープが発生する。ファン同士で交換・売買することでファン同士の繋がりが生まれるだけでなく、わざわざアルバムを買わなくても、ずっと安い値段で海賊テープが手に入るわけである。グレイトフル・デッドはレコードより、生演奏で聞く方がよいというのがファンの間での定説だった。それに、音質のよい録音をする者はテープ販売が貴重な収入源となりえた。一方、私的録音を認めることは、レコード会社には利益の機会損失となる。本来ならファンはレコードを買ってレコード会社が売り上げを得るところを、ファン同士で売買行為をするからである。

身体性の重視

　ヒッピーたちがどのようにロックを楽しんだかというと、レコード購入を通じて自宅のステレオで鑑賞するほかにも、コンサート・ホールでの生演奏に合わせて踊るというのが最高の楽しみ方だった。極彩色の照明と大音量のサウンドに身を任せて、忘我の境地に至ることに価値を見いだした。要するに初期ロックンロールが実現した身体性重視に先祖返りしたわけである。

　ロックの持つ身体感覚の変容を積極的に理論支援したのが、Growing Up Absurd（1960）などの著作で知られたポール・グッドマン（Paul Goodman）である。「カウンターカルチャー世代は自分たちの世界を持たずに成長したので、他の世代や社会から疎外された」のだとグッドマンは言う[2]。彼は、学校や会社などの組織は個性を抑圧するとして、ドロップアウトする若者を弁護し、ロックには学校などの権力組織によって抑圧された心理を解放する力があると説いた。ノーマン・メイラー（Norman Mailer 第7章参照）は、1960年代のラディカルな学生たちはグッドマンの戦闘的な著作によって思想形成されたと『夜の軍隊』で述べている[3]。グッドマンはまた、身体を社会的抑圧と人間の可能性が衝突する場だと考え、身体の状態を自覚することは社会改革の第一歩だと説いた。ロック音楽は、理屈ではなく「身体的に理解」する音楽なので、人間の秘める可能性を社会的抑圧から解き放つのに有効だと考えたのだった。

ビル・グラムのロック・ビジネス

　サンフランシスコのヘイト・アッシュベリー地区には、ロック音楽の聖堂ともいうべきホールが幾つかできて、定期的にコンサートが開かれた。ピーク期では、ほぼ毎日なんらかのロック・コンサートが行われた。ロック・コンサートの中心的人物は、ビル・グラム（Bill Graham）だった。彼は、フィルモア、ウィンターランド（Winterland）、アヴァロン（Avalon）といったホールでロック・コンサートを企画運営した。

　グラムのロック・コンサートがヒッピーたちに支持されたのは、提供する音楽の質の高さに拠るところが大きかった。グラムは毎週オーディションを開いて、出演バンドを選定した。そして音響や照明にも高い質を追求した。また、

グラムはホール内ではドラッグの使用を禁止して、客同士のトラブルが起きないように配慮した。ミュージシャンの側からすると、グラムのコンサートで演奏したという実績は絶大なパブリシティ効果を持った。そこにはレコード会社の幹部も来たので、メジャー契約に繋がる可能性もあった。観客としても、「グラム」は音楽の質を保証するブランド・ネームだったので、安心してコンサートを楽しめた。

　グラムは個人的にはヒッピー文化に理解をもっていたわけではなかったという。LSDなどにも興味はなかった。ロック音楽に特別詳しいわけでもなかった。グラムはロックがビジネスとして成り立つことに気づき、ロック・コンサートのビジネス・モデルを作り上げた、純粋な意味での起業家だった。彼がロックのビジネスとしての可能性に気づいたのは、サンフランシスコ・マイム・トループという劇団の制作を担当していたときだった。活動資金不足を解決しようと、義援コンサートを行ったところ、予想を超える数のヒッピーたちが来た。これをきっかけに、グラムは劇団をやめて、ロック・コンサート企画に専念した（第3章参照）。

　グラムはのちにニューヨークに行き、1969年のウッドストックの運営などを手がけた。音楽プロモーターとして活躍するグラムを見て、ヒッピーたちの一部から、ロックを金儲けの手段にしているとの批判が上がった。さきほど論じたグレイトフル・デッドもそうだったように、よい音楽でいい気分になるのに金は必要ないというのが、批判者たちの言い分だった。

　重要な質問は次のようなものである。すなわち、ヒッピーたちはレコード会社やグラムのようなプロモーターの手のひらで泳がされて、小遣いを惜しみなくつぎ込んだ資本主義の哀れな犠牲者なのか？　それとも、ロックをつうじて自由や平和を訴えた文化的開拓者なのだろうか？　少なくとも、彼らは哀れな犠牲者ではない。彼らは経済的、社会的には恵まれた部類に入るアメリカ人だった。資本主義の負の面を指摘することはあったが、恵まれたアメリカ人だということは理解していた。最も声高に革命的変革を叫んだSDSでさえ、そのことははっきり理解していた。ロックを愛したヒッピーたちの多くは、問題は資本主義そのものではないことは理解していた。真の問題は、資本主義を動

かす諸要素において権威主義がはびこり、それが私生活の領域まで浸食しているということだった。

ロックとは矛盾を包含した文化生産物である。一方では、れっきとした資本主義的生産体制の表象として、ミュージシャン、プロデューサー、プロモーター、レコード会社が、宣伝、流通、販売などのメカニズム全体で利潤を上げるべく機動している。もう一方の音楽が消費される現場では、ミュージシャンが「自由」「平等」「平和」を歌っている。ヒッピーに支持されたロック・ミュージシャンは、自由や個人主義、名もなき庶民への賛辞を歌うことで人気を得ると同時に、その人気によって金持ちになることで、さらに有名になっていった。金満アメリカを批判することで、ロック・ミュージシャン自身が、スターのステイタスを得て、金満になっていく過程は皮肉としか言いようがない。しかし、その皮肉に身を置きながら、ヒッピー向けにロックを生産する現場のミュージシャンは、文化革命の主導者の顔とセレブリティの顔を両立させることを余儀なくされた。

ジェンダー、人種の融合

ロックはしょせん音楽であり文化商品にすぎないので、ロックで社会変革を実現できるわけはない。ただ、1960年代後半から1970年代のロック音楽を観察すると、アメリカの抱えていた幾つかの問題を「音楽的に」解決したと言うことはできる。「音楽的に」とは、現実を変えたとは到底言えないが、これまでの音楽では見られなかったある種の自由が、カウンターカルチャー期のロックにおいて実現を見たという意味である。それはジェンダーと人種に関することだった。

ロックンロールは、誕生した1950年代中期からずっと男性支配の世界だった。ロックンロール創始者たちの名前を挙げても、出てくるのはプレスリー、ベリー、リトル・リチャード、ホリー、コクラン、ヴィンセントと、みな男性である。この時期のロック史において女性シンガーが果たした役割は皆無と言ってよい。そのせいもあり、ロックンロールが表現するメッセージは男性的である。ロックンロールの音楽的特徴である強いリズムや速いテンポ、それに

感情を抑制することなく歌うヴォーカル・スタイルは、男性的なイデオロギーの象徴であった。

男性によるロックンロールが生まれた時期、人気女性シンガーも存在したことは存在した。コニー・フランシス（Connie Francis）は大スターだったし、女性グループでは、ロネッツ（Ronnettes）、クリフトンズ（Cleftons）、マーヴェレッツ（Marvelettes）、シャンテルズ（Chantels）などがヒットチャートを賑わせた。1960年代に入ると、デトロイトの独立レーベルであるモウタウン（Motown）から、テンプテイションズ（Temptations）、ダイアナ・ロス＆サプリームス（Diana Ross & Supremes）がヒット曲を量産した。これらの女性シンガーは、しかしながら、ロック的な音楽表現を採用しなかった。サウンド的にもロックのような速いビートは使わず、歌唱法も正統的で、ステージでの振る舞いもお行儀がよかった。髪を振り乱したり、感情むき出しで歌うようなことはしなかった。というより、やりたくてもできなかった。報道陣向けのインタビューでも礼儀正しく振る舞った。モウタウンの女性シンガーが、言葉遣いや身のこなしを指導されたことはよく知られている。

また、1950年代終わりから1960年代半ばに活躍した女性ソロシンガー・女性グループは、レコード会社専属の作詞家・作曲家によって曲が提供されたため、音楽的自由が限られていた。歌は「男の子」についての内容が中心で、10代の男女の恋のよもやま話以上でも以下でもなかった。歌詞の内容は、男子にとって都合のいいような女子の視線から恋を描写したものだった[4]。要するに、女性シンガーの成功の指標は、楽曲の質とは別に、白人男性が描いている女性像に合致するかだった。現在の感覚からすれば想像しにくいが、男は外で働き、女は家で家事という役割分担が浸透していた時代である。恋愛に関しては、女の子は好きな男の子を陰からじっと見つめる存在であらねばならず、まちがっても自分から求愛してはいけないという古風な男女観が支配していた。レコード会社はこういう価値観を体現するような楽曲とシンガーを生産したのであった。

1950年代終わりから1960年代初頭にはフォーク・ブームがあった。ジョアン・バイエズ（Joan Baez）、ピーター・ポール＆マリー（Peter, Paul &

Mary) のマリー・トラバーズ (Mary Travers)、ジュディ・コリンズ (Judy Collins) などの女性フォークシンガーが登場した。彼女たちは歌唱法の点では伝統の域を出なかったが、社会的に踏み込んだ内容の歌を多く歌った点で、旧来の女性シンガーの枠を少しだけ超えた。時折しも公民権運動のさなかで、バイエズらの政治的メッセージを含んだ歌は男女を問わず支持された。政治は男の領域だと思われていた時代だったので、この点では、女性シンガーは、ジェンダーの制約を1つ突き破ったことになる。しかし、歌唱法に関しては女性フォークシンガーも旧来の礼儀正しい歌い方を崩すことはしなかった。

では、女性シンガーはシャウトなどのロック的な歌唱による音楽表現を許されなかったのかというと、例外はあった。黒人女性シンガーだ。歴史的に、黒人シンガーには、ゴスペルのようなジャンルで感情たっぷりに歌うスタイルが定着していた。多くの有名黒人女性シンガーは、教会のゴスペル隊で歌った経歴を持つ。1930年代以降では、ベッシー・スミス (Bessie Smith)、オデッタ (Odetta) などがそうであり、後に登場するホイットニー・ヒューストン (Whitney Houston)、アレサ・フランクリン (Aretha Franklin)、ティナ・ターナー (Tina Turner) などの黒人女性ソウル・シンガーは、地元の教会でゴスペルを歌うことから音楽のキャリアを始めた。

黒人女性が感情むき出しの歌い方を許されてきたもう1つの理由は人種である。19世紀末期に確立された貞淑な女性像（ヴィクトリア調女性観と呼んでいる）を演じることを求められたのは白人女性であった。20世紀に入っても、例外的な時期はあったが、基本的には1930年代の大恐慌期も第二次世界大戦中も冷戦時代も、白人女性は家族を守るという役割を引き受けることを要請されてきて、その中には慎ましい振る舞いも含まれていた。対して、黒人女性はこのような社会的束縛から比較的自由だった。黒人女性と白人女性は、同じ女性ではあっても人種的には対等ではなかったので、黒人女性は白人女性に課せられた規範からは自由な存在だったともいえる。

ステージでは直立不動で行儀よく歌うというのは男女を問わず、ポピュラー・ミュージックの標準でもあった。ロックンロール以前の人気シンガーをざっと思い浮かべてみるとそのことはよく分かる。シナトラ、コール、ビング・

クロズビー（Bing Crosby）、アンディ・ウィリアムズ（Andy Williams）、もっと若い世代になっても、ディーン・マーティン（Dean Martin）、リッキー・ネルソン（Ricky Nelson）と正統の範疇からはみ出すことはなかった。ロックンロールの登場をもって、白人男性シンガーがこの壁を突き破った。プレスリーが声をしゃくり上げ腰をくねらせるスタイルや、ルイスが足をピアノに乗せて歌うスタイル、あるいはベリーのダック・スタイル（膝を深く沈めてギターを演奏しながら歩くベリー独特のアクション）が、彼らのトレードマークになった。

しかし、白人女性シンガーが男性と同じ事をすることはできなかった。上で見てきたように、彼女たちはそのような羽目を外すことは許されず、旧態依然としたスタイルを踏襲するよりほかなかった。モウタウンの黒人シンガーでさえも、おなじような制約を抱えていた。なぜならモウタウンの音楽は白人中流層をねらったものなので、白人の視線を内面化した楽曲作りをする必要があったからだ。唯一、女性という制約から自由だったのは、黒人向けマーケットに歌うゴスペル、ブルース、フォークのスタイルのシンガーだった。

ジャニス・ジョプリン

カウンターカルチャー期のロックは、長いあいだポピュラー音楽を支配してきた男性中心のイデオロギーに風穴を開けた。この点で最も重要なシンガーはジャニス・ジョプリン（Janis Joplin）である。テキサス州出身のジョプリンはサンフランシスコでロック・シンガーとしてスターダムにのし上がる一方で、ドラッグに身を落とし1970年に死ぬという人生は伝説として語り継がれている。

しかし、ジョプリンの真に偉大な点は、彼女の駆け抜けるような短い人生にあるのではなく、カウンターカルチャー期のロックにおけるほとんど唯一の女性シンガーとして「女性」の既成概念を超越したことにある。ジョプリンは同時代の白人男性ロック・シンガーのように歌った（あるいは黒人女性のように歌った）初めての白人女性シンガーだった。

10代のジョプリンは、スミス、レッドベリーなどの黒人ブルースを好んで

聴いた。地元のクラブで歌うようになってからも、オデッタやビリー・ホリデイなどやはり黒人歌手を積極的に聴いた。テキサスの大学に入学したものの、勉強には身が入らなかった。彼女は人目につく女子学生だったらしい。彼女のお気に入りの服装はジーンズだった。現在の感覚からすると信じられないが、1960年代前半のテキサスのような地方では、女子学生がジーンズを履くことはかなり勇気のいることだった。歌で生きていくことを決意して1963年にサンフランシスコに行ったものの、望むような活躍はできず、反対にドラッグ中毒になってしまい、1965年にはテキサスに戻った。音楽への情熱は以前のままだったので、地元で歌うことは続けた。1966年にのちにコンビを組むビッグ・ブラザー＆ホールディング・カンパニーに見いだされ、再びサンフランシスコに行くこととなった。

　ステージでは、ジョプリンの演奏に男性たちがグルーヴした。これは女性パフォーマーが男性を制御することを意味し、これまでのポピュラー音楽ではなかったことである。もちろん、カウンターカルチャー以前にも男性ファンを虜にする女性シンガーはいたが、ジョプリンの場合は意味が違った。これまでのアイドル的女性シンガーでは、男性ファンが恋愛願望（あるいは女性支配願望）をその女性シンガーに投影していたのに対し、ジョプリンは恋愛願望の対象とは見られなかった。彼女は、男のように歌い、曲間のエムシーでは男のように聴衆に語りかけた。いわば、男性から期待される「女性」の役柄を演じるのではなく、ありのままの自分をステージで表現した。生の感情、衝動をステージで表現することは、本来は男女に関係ないことのはずだが、アメリカのポピュラー音楽史においては、始めは黒人シンガーにだけに許されて、1950年代にプレスリーによって白人男性にも門戸を開かれた。ジョプリンは白人女性にもその門戸を開いたのだった。

白人としての黒人ヘンドリックス

　1969年のウッドストック・コンサートで一番記憶されているシーンは、おそらくジミ・ヘンドリックス（Jimi Hendrix）のエレクトリック・ギターによるアメリカ国歌の演奏であろう。ヘンドリックスは、ギターで国歌をインスト

ルメンタル演奏したのだが、奏でるというよりは、がなりたてるようなヘンドリックスのギター演奏は、まるでヴェトナム戦争でアメリカ軍が爆弾を投下し、泣きわめきながら逃げ惑う人たちを想像させるような不穏なニュアンスを聴衆に与えた。実際、彼自身はのちのインタビューで、「現在のアメリカは、本来のアメリカ国歌が持つような美しい国ではなくなっているので、わざと暴力的なアレンジにした」と答えている[5]。

　ヘンドリックスは、アメリカの人種問題を考える上で微妙な立ち位置にいた。ヘンドリックスの音楽的キャリアの最盛期である1967年から1969年ごろはカウンターカルチャーの絶頂期であったとともに、もう1つ新しいムーブメントが巻き起こった。それはブラック・パワーと呼ばれている人種差別に対する黒人の異議申し立て運動だった。ブラック・パワーは、1950年代後半から1960年代前半の公民権運動とは性格を異にした。公民権運動が白人と黒人の協同だったのに対して、1960年代後半のブラック・パワーは反白人のイデオロギーを軸に展開した。サンフランシスコ近郊のオークランドで、ブラック・パンサー党が結成された。また、人種混合組織だったSNCCは白人メンバー排斥に方針転換した。黒人の解放は白人の助けによって得るのではなく、黒人だけの手で獲得しようという思想が一気に広まった。公民権運動では白人社会との融和という理念が根本にあったが、ブラック・パワーでは逆に白人社会から独立するという究極の目標があった。

　黒人ミュージシャンでありながら、白人のヒッピーの前で演奏してスター扱いされるヘンドリックスは、ブラック・パワーの側から見れば、裏切り者に見えた。ヘンドリックスはそのような批判をかわすべく、黒人向けの小さな慈善イベントなどにも参加した。ヘンドリックスは白人聴衆相手に演奏して大金を稼ぐ「スター」としての自分と、小さな黒人の集会でブラック・パワーに歩調を合わせる「黒人」としての自分を使い分けなければいけない状況に置かれた。

　ヘンドリックはかならずしも黒人文化の環境で生まれ育ったのではなかった。シアトル生まれのヘンドリックスの両親は、アフリカ、アイルランド、チェロキー族の血を引いていた。シアトルという街自体も黒人の他にもネイティ

ヴ・アメリカンやアジア系アメリカ人も一定の人口をしめるコスモポリタンな環境だった。ヘンドリックスは、ブルースなどの伝統的黒人音楽とともに、他のエスニック音楽も同列に吸収していった。高校を卒業してケンタッキー州で兵役を終えた後、ヘンドリックスは南隣のテネシー州ナッシュヴィルに行き、バンド活動を始めた。ここで約2年、ヘンドリックスは主に黒人の聴衆を相手に演奏することで生計を立てた。それから、ニューヨークに活動の場を移し、リトル・リチャードのバックバンドとしてギターを弾いた。いざこざが原因で、バンドをすぐに脱退したが、彼はニューヨークで多くのミュージシャンと演奏する機会を得た。また、ニューヨークでは黒人よりも白人の聴衆が多かったことが、彼の音楽を「脱ブラック」化することに貢献した。彼は自分が黒人だという固定観念にこだわらなかった。ニューヨークに来た当初はハーレムという黒人居住区に住んだが、じきにグリニッジ・ヴィレッジという白人居住区に引っ越した。1966年のことだった。黒人が多く住むハーレムよりも、白人中心のグリニッジ・ヴィレッジの方が、居心地がよかった、と当時のインタビューで述べている[6]。

　ヘンドリックスに対する評価は大別して2とおりある。1つは、ヘンドリックスを商業主義に走ったと批判する向きである。一部の評論家やリスナーには、ヘンドリックスはカウンターカルチャーのリスナー層である白人に受けるようなパフォーマンスをしているという印象を抱かせた。ヘンドリックスにとって不運だったのは、1960年代が終わりに近づくにつれてブラック・パワー運動が盛り上がっていったことである。黒人シンガーはなによりも黒人としてのプライドを前面に出して同胞を鼓舞することを暗黙的に要求された時代で、ヘンドリックスのように自らの黒人性を前面に出さずにカウンターカルチャーの白人リスナーに向けて演奏する姿勢は、黒人としてのプライドを捨てたのではないかと訝られた。ヘンドリックス自身はほとんど政治的活動をしなかったこともあり、モンタレーやウッドストックのような白人観衆の前でギターを弾いている姿は、黒人社会には受け入れられなかった。

　もう一方の評価はより好意的で、ヘンドリックスの存在はアメリカ社会にしみこんだ人種問題をユートピア的に解決したという考え方である。ヘンドリッ

クスの音楽は、バディ・ガイ（Buddy Guy）やマディ・ウォーターズ（Muddy Waters）などの伝統的ブルースを基本にしてはいるが[7]、ヘンドリックスはあえてブルースの正統性から逸脱するような演奏を行った。その意味するものは、黒人音楽という伝統から自由になることだった。もしそうだとしたら、これはたいへんラディカルな行為である。ブラック・パワーの時代に、ヘンドリックスの黒人性を消すことで、人種の違いを超えた音楽、あるいはその先にある人種という概念のないユートピア的社会を夢想することだからである[8]。そのときのヘンドリックスは、黒人でも白人でもない、いまだに名付けられたことがないような、「新しいアイデンティティ」とでもよべるような存在である。この意味では、ヘンドリックスは、自らを「黒人」という枠から解放したのだった。ジョプリンが自らを白人女性という枠から解放したように、ヘンドリックスは歴史的に規定された黒人性を超越することで、カウンターカルチャーのシーンに見事に調和した。黒人音楽の伝統から意識的に逸脱し、ヒッピーという白人聴衆を獲得し、さらに商業的成功も手に入れたヘンドリックスは、いってみればハイブリッド的シンガーであった。

　ヘンドリックスの人種超越性は、彼のセクシュアリティに関するイメージ表出にもよくあらわれている。1969年に発売した *Electric Church* というヘンドリックスの本には、1枚の興味深い写真が使われている。上半身裸で白いスラックスを履いたヘンドリックスが足を広げて立っている。カメラは足下から見上げるようなアングルで撮っている。彼の広げた両足の向こうには乳房を露わにした全裸の白人女性が2人、その後ろに長髪の白人男性とアフロヘアの黒人男性がいる。裸の白人女性はおそらくヘンドリックスのグルーピーという設定なのだろう。この写真は、アメリカ主流層に眉をひそめさせる危険な雰囲気を放っていた。なぜなら、黒人のヘンドリックスと白人女性との性的なファンタジーを喚起させるからだ。似たようなコンセプトで、3枚目のアルバム *Electric Ladyland* のカヴァー写真では、19人の全裸女性（大半は白人）がヘンドリックスの写真を持ちながらカメラを見つめている。

　ヘンドリックス本人の意図がどの程度反映されたのかは別にして、人種の壁を越えた性的ファンタジーとしてのヘンドリックスが放ったイメージは、カ

ウンターカルチャーとブラック・パワーが同時に盛り上がった時代において特別な意味を持った。白人に対する敵意と失望を理由に過激化するブラック・パワーと、愛と自由を（抽象的にではあれ）標榜した白人中流階級の若者によるカウンターカルチャーという両極端の2つの運動に属していたヘンドリックスの微妙な立ち位置は、真の人種融合は文化的想像の中でしか達成できないという諦念を表しているとも理解できる。

まとめ

　カウンターカルチャーはポピュラー・ミュージックの歴史の転換点だったと言える。ロックは単なる娯楽の域を超えて、ヒッピーたちの文化的アイデンティティ形成に一役買うとともに、その後も、音楽的には変化しながらも、ロックのイメージとしての自由やヒューマニズムは保ったままで今日まで続いている。しかし、そこには矛盾がないわけではなかった。グレイトフル・デッドのように私的録音を認めたり、無料でライブを行ったりとフリーの実践を行う一方で、グラムのようなロック・プロモーターの存在やモンタレー・ポップ・フェスティバルのような大規模イベントの成功は、ロックはビジネスであるという現実をヒッピーたちは認めざるを得なかった。

　このような音楽を取り巻く状況の中で、ヘンドリックスやジョプリンに見られるようにアメリカ社会のジェンダーや人種の既成概念に音楽上の挑戦をしたことはカウンターカルチャー期のロックの特筆すべき特徴だった。1968年頃以降は、フェミニズムやブラック・パワーの運動が高まりを見せており、ジョプリンやヘンドリックスのキャリアの絶頂期と重なった。ジョプリンは白人女性という枠を超越した音楽的アイデンティティをカウンターカルチャーのロックに提供した。ヘンドリックスは黒人男性という枠を超越した音楽的アイデンティティを提供したのであった。

注

1) Pennebaker, *The Complete Monterey Pop Festival*. Criterion, 2002〔DVD〕.
2) "P. Goodman Speaks of his *Growing Up Absurd*," *New York Times Magazine*（Sep

14, 1969), 33.
3) ノーマン・メイラー『夜の軍隊』(山西英一訳　早川書房、1970) p. 47.
4) Greil Marcus, "The Girl Groups," in *The Rolling Stone Illustrated History of Rock and Roll: The Definitive History of the Most Important Artists and Their Music*. (New York: Random House, 1992), 189–191.
5) Lauren Onkey, "Voodoo Child: Jimi Hendrix and the Politics of Race in the Sixties," in *Imagine Nation: The American Counterculture of the 1960s and '70s*. eds. Peter Braunstein and Michael William Doyle (New York: Routledge, 2002), 190.
6) Ibid., 195.
7) Steve Waksman, *Instruments of Desire: The Electric Guitar and the Shaping of Musical Experience* (Cambridge: Harvard University Press, 1999), 184.
8) Onkey, 193.

第2章

自己回復手段としてのLSD

　1967年1月、サンフランシスコのゴールデン・ゲート・パークで、ヒューマン・ビー・イン（Human Be-In）というヒッピーたちのイベントが開かれた。ロック音楽の演奏に加えて、多くの「有名人」が演説やパフォーマンスを披露した。招待された有名人の1人に、ティモシー・リアリー（Timothy Leary）という人物がいた。彼はハーヴァード大学の元教授で、向精神作用をもつドラッグ、なかでもLSDの研究をしており、このイベントの数カ月前にサンフランシスコに移住してきた。リアリーはこのイベントに集まったヒッピーたちに、"Turn on, Tune in, Drop out"のスローガンを唱えた。リアリーがこのスローガンに込めたメッセージは、高度資本主義に制御された身体と精神構造を解放しなければ真の幸せは得られないということだった。LSDはそのための有効なツールだとリアリーは主張した。

　ドラッグ使用は1960年代後半のヒッピーたちに限ったことではなかったので、それ自体はカウンターカルチャー特有の事象だったわけではない。しかし、彼らがLSDに与えた意味づけにはカウンターカルチャー特有の理由が見られた。彼らはたんにアウトロー気取りでドラッグに手を出したわけではなかったし、地下組織がやるような資金作りが目的でもなかった。彼らが信じたのは、LSDを体験すれば、より高い次元の自己に到達でき、ひいては社会改革に繋がるという期待感だった。

　本章は、カウンターカルチャーにおけるLSD文化について記述するとともに、アメリカ社会全体が、精神状態は人為的に変えることができるという発想を受け入れるようになったことについて考察する。LSDを実際に摂取した

のは、人口的にごく限られたアメリカ人だった。しかし、LSD がヒッピーたちに広まるまでの過程を調べると、LSD 現象は局所的な現象であると理解するよりも、むしろ戦後アメリカ社会の価値観の縮図だったと考える方が理にかなっている。カウンターカルチャーが花開く前には、多くの研究者が治療の可能性を探る目的で LSD を研究していた。実際に正当な治療として LSD を経験したアメリカ人も多数存在した。カウンターカルチャー期に LSD を摂取したのは主に 20 代の若者であったが、彼らが LSD の効能として期待したものを、多くのアメリカ人も多かれ少なかれ抱いていたのである。

サンフランシスコにおける LSD の普及

　サンフランシスコ界隈で LSD が普及しはじめたのはいつ頃だったのだろうか。いくつかの証言や資料を整理すると、LSD が広まりはじめたのは 1964 年の夏以降らしい[1]。ベイエリア出身のロック・バンド、グレイトフル・デッド（第 1 章参照）のリーダーだったジェリー・ガルシアの回想によれば、彼が LSD の存在を知ったのは 1963 年ごろで、はじめて使用したのは 1964 年だったという。LSD の入手は個人的なルートを通じて行われていたが、1966 年 1 月、ヘイト・アッシュベリー地区にサイケデリック・ショップ（ヒッピーを対象にした総合ショップ。ヒッピーたちが好んだ本、服、レコードなどが買えた）が開店してからは、食料品を購入するような感覚で入手が可能になった。この時点ではまだ LSD の所持は違法ではなかった。

　LSD の存在をヒッピー・コミュニティに広く知らしめたのは、作家ケン・キージー（Ken Kesey）と彼の仲間メリー・プランクスターズ（Merry Pranksters）による大陸横断バス旅行だった。キージーは 1962 年発表の小説『カッコーの巣の上で』（*One Flew Over the Cuckoo's Nest*）の成功で、一躍時の人となった。当時、サンフランシスコ郊外の農場で共同生活をしていたキージーは 1964 年の夏に、中古のスクールバスを購入し、車体に極彩色の派手な装飾を施し、ニューヨークに向けてバス旅行に出た。運転手を務めたのは、小説家ジャック・ケルアックの友人だったニール・キャサディ（ケルアックの 1957 年の出世作『オン・ザ・ロード』のモデル）で、バスにはノン・フィ

クション作家のトム・ウルフが同乗した。彼らは万国博覧会が目当てでニューヨークに行ったのだった。バスの中では、運転手のキャサディを含めて全員がLSDで終始気分がハイになっていたという（この経験をウルフは1968年発表の『クール・クールLSD交感テスト』に書いた。ニュー・ジャーナリズムの嚆矢とされる作品。第7章参照）。このバス旅行のことが武勇伝としてサンフランシスコのヒッピーたちの間で伝わり、キージーはLSDの導師のような存在として一目置かれることとなった。

　キージーが尊敬を集めたのは彼のドラッグ漬けのバス旅行だけが理由でなく、彼の小説『カッコーの巣の上で』によるところも大きかった。犯罪をおかし逮捕された主人公のマックは、刑務所での役務を逃れる目的で異常者を装うために、精神病院に移監されてきた。マックが病院で見たものは、感情を無くして病院の命じるままに行動する魂を抜き取られたような患者たちの哀れな姿だった。マックは患者たちを鼓舞して、反抗精神を取り戻させようとする。マックが患者たちに感情を取り戻させる試みが成功し出すと、病院側もマックに対する締め付けを強める。とうとうマックは前頭葉切除手術（ロボトミーと呼ばれる治療法。現在は行われていない）をされる。廃人になりはてたマックを哀れんで、マックの一番の理解者だったネイティヴ・アメリカンの酋長は、首を絞めてマックを尊厳死させる、というストーリーである。このストーリーは、ヒッピーの生まれ育った環境の類似として解釈することができた。彼らの生まれ育った郊外の画一的な環境は、自由・個性を発揮できず、決められたように行動するしかないという点で（彼らはそう感じていた）精神病院のメタファーであり、その足枷から救い出してくれるような存在をもとめていたからだ。

　1966年4月、サンフランシスコに編集部を持つ左翼系雑誌『ランパーツ』（*Ramparts*）が、LSDについての論文を掲載した[2]。同論文は、LSDが誕生した経緯、効能についての諸説、人間の神経・精神にどう作用するのかという科学的な解説、加えてアメリカや他国でのLSD研究の実態、ヒッピーたちがLSDに惹きつけられる理由などを詳細に論じた。注目すべきはやはり、ヒッピーたちがLSDに惹かれる理由を論じた部分で、LSDは心の内側を探索でき

る可能性を秘めた特別なドラッグだと同論文は述べている。

『ランパーツ』誌の記事が出た時点におけるLSDの法的位置づけは、製造には許可がいるが、所有は認められるという扱いだった。そこで、LSDを試したいというヒッピーたちの希望に応えるために、無許可でLSDを製造する者があまた出てきた。中でも、アウグストス・オズリー・スタンリー3世（Augustus Owsley Stanley III）が作ったLSDは気持ちよくトリップできるという評判がたちまちのうちに広まったのである。スタンリー3世の名声の確立にはキージーが一役買っている。1965年12月キージーの企画したアシッド・テスト（アシッドacidはLSDの別名）で、彼はスタンリー3世のLSDを指名したからだ。サンフランシスコと隣接する町サンノゼで行われたローリング・ストーンズのコンサートが終わってホールから出てくる観客にチラシを配って、アシッド・テストへの参加を呼びかけた。チラシにある場所（メリー・プランクスターズのメンバーの家）に行くと、LSDを渡されて家の中に入った。客はストロボや映写機のある部屋に通された。そこにはグレイトフル・デッドがいて、ロックだけでなくモウタウンやデルタ・ブルースまで幅広いレパートリーを演奏した。参加者は、スタンリー3世のLSDで気分よくトリップしたということである。

トリップス・フェスティバル

年が明けて、1966年1月21日から23日の3日間、トリップス・フェスティバルというイベントが開かれた。「LSDなしにLSD体験を！」というキャッチフレーズで（とはいうものの、実際にはLSDを混ぜた食べ物を提供した）、地元出身のバンド演奏（グレイトフル・デッド、ビッグ・ブラザー＆ホールディング・カンパニーなど）、映画上映、前衛舞踏、芝居、ティピーというネイティヴ・アメリカンの住居展示、ケネディ大統領と妻ジャクリーンの映像のループ、トランポリン選手の演技、中国人による新年を祝う獅子舞など、多種多様な出し物が用意された。それから、ギンズバーグ、キージー、キャサディ、ヘルズ・エンジェルズなど多くの「有名人」も登場した。参加者の知覚に変化をおこすべく、会場全体にストロボライトやピンボールなどの照明を仕掛けた。

第 2 章　自己回復手段としての LSD　37

キージーのアシッド・テストもそうだったが、トリップス・フェスティバルは、LSD の摂取だけで精神の変容を体験しようとするのではなく、音楽や照明、映像なども使ってマルチメディア的に人間の感覚器官を刺激することをねらった。

　会場に使われたのは、海岸に近いロングショアメンズ・ホール（longshoremen＝港湾労働者）だった。3 日間で 6,000 人が集まった。会場には書籍ブースを設営し、サイケデリック関係の本や、特製 T シャツの販売を行った。収支決算では、4,000 ドルの利益を出し、興業としては成功した。イベントの宣伝のために PR 会社を雇い、また個人的つてを頼って『サンフランシスコ・クロニクル』紙に提灯記事を書いてもらい、直前にはサンフランシスコの金融街で街頭宣伝も行うなど、宣伝に力を注いだ。

　トリップス・フェスティバルを企画したのは、ステュアート・ブランド（Stewart Brand）というヒッピーだった。2 年後に『ホール・アース・カタログ』（*The Whole Earth Catalog*）という雑誌を創刊し、ヒッピーたちに賞賛され大成功を収めることになる人物である（第 4 章参照）。このトリップス・フェスティバルに限らず、カウンターカルチャーを代表するイベントの多くは、企画・運営面から見ると至極正統なビジネスを行った。モンタレー・ポップ・フェスティバルや、グラムのロック・コンサートなど（第 1 章参照）も、提供する音楽のレベルや音響関係の技術には十分配慮した。また音楽以外の部分（観客の安全確保のため、館内でのドラッグを禁止するなど）にも配慮して、「健全に」イベントを提供したわけである。

　ブランドは中西部イリノイ州出身で、フィリップス・エクスター（Phillips Exeter）という東部ニュー・ハンプシャー州の全寮制の超エリート高校を卒業したあと、サンフランシスコ近郊にあるスタンフォード大学に入学し、生物学を専攻した。卒業後はニューヨークでしばらく暮らした後、軍に入隊した。除隊後はサンフランシスコに戻ってきた。1964 年にはメリー・プランクスターズの一員としてキージーたちとニューヨークへバス旅行もした。トリップス・フェスティバル当時は 28 歳で、ヒッピーとしては年配の部類に入った。大イベントを成功させるノウハウや組織を動かすスキルは、おそらく従軍時代に学

んだと思われる。

　トリップス・フェスティバルを見に行った高名なロック音楽評論家ラルフ・グリーソン（Ralph Gleason）が第2日目の印象をサンフランシスコの主要紙『サンフランシスコ・クロニクル』に書いたこともあり[3]、トリップス・フェスティバルをきっかけに、ヒッピー文化がひろくベイエリアに知られることとなった。自らも演奏したガルシア（グレイトフル・デッド）は1972年のインタビューで、トリップス・フェスティバルのことを、サンフランシスコのカウンターカルチャーが最高潮に達したイベントだと発言しているが[4]、単純に自己礼賛的な発言だと片付けられないものがある。『クロニクル』紙に宣伝記事を書かせ、市の金融街（ニューヨークのウォール街のような、エリート階級を象徴する地区）で街頭宣伝を行い、イベント会場には労働者階級を象徴するような場所（港湾労働者のため施設）を選んだことで、中・上流階級の大学生世代から生まれた独自文化を、他の世代・階級に知らしめることとなった。これは、決して、他の世代・階級がカウンターカルチャーを受け入れたと言っているのではなく、既成権力と微妙に距離を置いた文化が、ベイエリア界隈で認知されるようになったという意味である[5]。

東海岸におけるLSD

　西海岸でLSDの普及に貢献したのがキージーやブランドだとすれば、東海岸ではリアリーがLSDの伝道師役を果たした。ハーヴァード大学で心理学を教えていたリアリーは、同僚のリチャード・アルパート（Richard Alpertのちに、ラム・ダスと改名して、ニューエイジ系の書物を多数執筆することになる）と共同で1960年、シロシビンという幻覚薬物を用いた研究プロジェクトを開始した。しかし、教授会でこのプロジェクトの安全性、学問的厳密性、そして有用性について疑問の声が上がった。リアリーたちは、学部の設定したガイドラインを守ることを約束したが、1963年にガイドライン違反が発覚し、ハーヴァード大学はただちに2人を解雇した。大学を追放されたリアリーとアルパートは、ニューヨーク市から北に2時間ほどの町ミルブルックに研究所を立ち上げ、LSDを始めとする幻覚物質の研究を続けた。この研究所はたち

まちに多くの人の知るところとなり、遠方からLSD体験を求めて多くの人が訪れた。キージーとメリー・プランクスターズも1964年のニューヨークへのLSDバス旅行の際、ミルブルックの研究所に立ち寄った。

ミルブルック研究所はFBIの度重なる強制捜査により、1966年に閉鎖に追い込まれた。リアリーはサンフランシスコへの移住を決意した。1966年9月、西海岸の新天地で、彼は精神探検同盟（League for Spiritual Discovery）という組織を設立した。これは研究所というよりは新興宗教と言ったほうがよいほど宗教色が強く、リアリーはLSD体験を聖餐と位置づけて、普及に努めた。ヒューマン・ビー・インの一カ月前のことだった。

『オラクル』創刊、サイケデリック・アート

リアリーの宗教的LSD団体設立と時を同じくして、サンフランシスコで『オラクル』（*Oracle*）というアンダーグラウンド新聞が発行された。詩や精神世界に関する内容が中心で、ギンズバーグ、スナイダーなどのビート系の作家も寄稿した。リアリーは、この新聞に深く関わったわけではないが、何度か寄稿した。それから、アート・ディレクションをマイケル・ボウエン（Michael Bowen）が担当した。ボウエンは、1950年代のビート・ジェネレーションのころから活躍していた画家で、リアリーのミルブルック研究所を訪れたことがあり、LSDに傾倒していた。1967年1月のヒューマン・ビー・インの主催者の1人でもある。

『オラクル』をLSD文化の代名詞的存在にしたのは、ボウエンによる独特のアート表現によるところが大きい。一般にサイケデリック・アートと呼ばれているデザインは、ボウエンが『オラクル』で行ったデザインが出発点となっている。その特徴はなんと言っても読みづらい文字である。通常の印刷物では、文字が読みやすくなるようにデザインするのが鉄則だが、『オラクル』はその逆を行った。文字のタイポグラフィーをわざと歪めて、背景と渾然一体と溶けあうようなデザインにしたり、文字と背景を同系色にした。このようなデザインは、LSD文化、ひいてはカウンターカルチャーの特質をうまく表現している。文字をわざと歪ませ、背景と一体化させるデザインは、ロゴス中心主義の

批判だと解釈できる。理性をとおして世界を理解あるいは支配しようとする近代西洋の基本原理を乗り越えて、自我と世界との境界を取り払い、両者の有機的つながりを取り戻すという原始的世界観の現れと言える。

当時のロック・コンサートはじめ、ヒッピーを対象にしたイベントなどのポスターやチラシには、『オラクル』誌のようなサイケデリック・デザインが多く使われた。日時や場所などの重要情報を示す文字が読みにくいことで、ヒッピー文化に属しないアメリカ人にとって、サイケデリック・ポスターは意味不明な言語として映り、それを理解できるヒッピーは、独自文化圏に属していることを認識でき、文化的アイデンティティを獲得していった。

『タイム』誌の記事

「LSD なしに LSD 体験」を謳ったトリップス・フェスティバルは成功裡に終わり、『オラクル』誌が創刊され、さらにはリアリーがサンフランシスコにやってきた 1966 年は、LSD 文化が花開いた年だった。しかし、逆の動きも現れた。同年 3 月、『タイム』誌が、LSD の悪影響をほぼ 1 頁にわたってレポートした[6]。カリフォルニア大学システム（UCLA など、カリフォルニア州に点在する The University of California のキャンパス群の総体）で、LSD を体験した学生数が 10,000 人と伝え、UCLA の精神科医の話として、LSD は幻覚や自殺衝動、明らかにそれと分かる鬱状態、不安増大を引き起こすと話し、安易な使用に警鐘を鳴らした。同記事は、LSD の身体への悪影響を伝えると同時に、LSD 中毒は優秀な学校の学生たちに顕著だとも述べた。さらには、流通している LSD の品質についても懸念を示した。唯一の認可製薬メーカーであるサンドウズ社（Sandoz）は、限られた研究者にのみ LSD を提供し、その研究者たちは限られた患者にのみ（ほとんどはアルコール中毒者）LSD を投与していた。サンドウズ社製の LSD は流通経路が限定されており、闇市場に流れたという形跡もなかった。この記事の言うことが本当なら、学生の間に流通していた LSD は、密製造の粗悪な品質のものであったということになる。

LSDの歴史

　LSD（lysergic acid diethylamide。LSD-25と略されることもある）の発見は1938年に遡る。スイスの化学者アルバート・ホフマン（Albert Hoffman）が、ライ麦の麦角菌から新しい合成アルカロイド性物質（ニコチン、カフェイン、モルヒネなどの毒性を持つ塩基性有機化合物の総称）を作ろうと実験している最中に発見したものだった。その時は幻覚などの効果については定かではなかったが、1943年にホフマン自身が偶然からLSDを摂取してしまい、彼は心地よい幻覚を見た。それをきっかけにホフマンはLSDを精神病治療に使えないかと可能性を探りはじめた。そして、スイスの製薬メーカー、サンドウズ社が1947年にLSDを精神治療薬として発売した。

　アメリカでは1950年代初めから、CIAや軍が大学や研究機関に助成金を出して、LSDや他の幻覚作用を持つ薬物（メスカリン、アンフェタミンなど）の研究を支援した。政府がLSDほかの薬物に関心を持ったのには、幻覚作用をもつ薬物の軍事利用の可能性を探る目的があった。1965年までに、LSDその他の向精神薬物の効用について約2,000本の科学論文が書かれており、研究者の関心はLSDに集中していた。論文の中には、LSDは自閉症や分裂症の子どもに効果があると結論づけたり、慢性アルコール中毒が改善したとする肯定的なものが多数あった。『ルック』誌（写真を柱にした大衆向け週刊誌）は1959年9月に、ある研究者の発言として、LSDは感情と記憶を強化すると書いた[7]。

　実際に多くのアメリカ人がLSD治療を受けた。よく知られているのはハリウッド俳優たちのLSD治療である。エスター・ウィリアムズ、ベッツィー・ドレイク、ケリー・グラント、ジャック・ニコルソン。それから『タイム』誌オーナーのヘンリー・ルースも妻と一緒にLSD治療を経験した。いずれも1950年代終わりから1960年代はじめにかけてである。彼らはみな医師の監視の下にLSDを投与された。グラントのLSD治療について、『ルック』誌は、LSDはグラントに「第2の青春」をもたらしたと書いた。

　数あるLSD研究の中でも、カウンターカルチャーとの関連において重要な役割を果たしたのが、オスカー・ジャニガー（Oscar Janiger）の行った研究

である。カリフォルニア大学アーヴァイン校の精神心理学教授のジャニガーは、1954年から1962年にかけてLSD治験者への聞き取りをとおして、LSDが知覚に与える影響を調査した。ジャニガーの研究は、従来のLSD研究とは一線を画していた。それまでの研究は精神病のメカニズムの解明とその治療方法と効果を知ることを目的としていたので、慢性アルコール中毒、犯罪者更正、自閉症、鬱などへの治療効果の有無あるいは是非についての議論が中心だった。グラントのようなハリウッド俳優たちがLSD治療を受けたのは、このような研究の臨床例だった。ところが、ジャニガー教授が関心をもったのは、精神病のメカニズムや治療法というよりは、LSDが人間の認知と人格を変容させる可能性についてだった。したがって彼は、精神的に異常を来している人ではなく、正常な社会生活を送っている人たちを治験者に選び、LSDを投与し、自由行動をさせて、聞き取りを行った。ジャニガーの結論は、LSDの摂取は時間感覚を変容させ、色彩感覚が鋭敏になり、世界と濃密な一体感を感じることができるというものだった。

精神を人為的に変える

ヒッピーたちは必ずしもジャニガー教授の論文を読んだわけでも、ジャニガーの理論を後ろ盾にしたわけでもなかったが、ヒッピーたちがLSDを賞賛する理由は、ジャニガーの理論と多くの点で共通した。ヒッピーたちは、意識の変容や、自己と世界との統一感をことのほか大切だと考えた。それは高度資本主義体制のアメリカに生きる者としての自衛手段でもあり、個人の可能性を広げる手段でもあった。今風にいえば、LSDは自己啓発、能力開発のもっとも強力なツールだったと言える。

もっと重要なことは、人為的に意識あるいは精神を変化させるという発想は、カウンターカルチャーに特有のものではなく、戦後アメリカ社会全体で共有されていたということである。戦後になって、精神科医によるカウンセリングが上流・中流階級を中心に普及していった。1940年には3,000人に満たなかった精神科医の数が、1956年には15,000人にまで増加した[8]。ヒッピーたちの大多数は上・中流階級の家庭に生まれたので、精神は人為的に管理・治療

できうるものだという考えを自然と身につけていた。精神科医をたずねてカウンセリングを受ける（場合によっては精神に作用する薬を投与される。グラントやニコルソンのように）という行為と、ヒッピーたちがLSDを用いてトリップするという行為は、それほど離れてはいない。なにしろ、LSDは1960年代始めまでは精神科医たちが堂々と治療に使っていた薬なのだから。

　また、アルコール消費量が戦後に急増したことも見逃してはならない。飲酒は古代から続く人類の慣習であるが、戦後のアメリカでは飲酒に特別な意味が与えられた。仕事の疲れを癒す、仲間との楽しい時間を過ごすための余暇や娯楽という古来からの目的が消えたわけではなかったが、それに加えて、飲酒は反体制的態度を演出する小道具とみなすような傾向が現れた。

　当時のアルコール飲料の広告を見れば、そのことが分かる。たとえば、カルヴァート（Calvert）というブランドのウィスキーの雑誌広告（1958年）は、学校の教室らしき場所にウィスキーの入ったグラスが置かれている。グラスは実物大を超えたオブジェのような大きな手で支えられている。学校は飲酒するのにふさわしい場所ではないので、このような設定は、教師だと思われる広告の男がなにか学校の体制に不満を持っているかのような印象を与える。こういうシュールレアリスティックな広告は、飲酒という行為に新しい意味を付与した。教室での飲酒は社会通念に対する挑戦である。もし本当に実行したら、職を失う可能性がある。そのような非現実的設定でウィスキーが宣伝されるということは、このウィスキーに付加される価値は、非従順のメッセージを含んでいると解釈できる。

　1962年になると、カルヴァートの広告はさらに先鋭化し、"Some of my best friends are status seekers"というヘッドラインを使い始めた。"status seekers"とは、当時のベストセラー本のタイトルで、戦後のアメリカ人は、社会的ステイタスを誇示することが人生の目的と化していると警告した本だった[9]。このヘッドラインのメッセージは多義的である。1つの解釈では、友人はステイタスを追い求めているが、自分はそういう安直な生き方を追求しないという宣言である。つまり、人の目を気にしてステイタス・シンボルとなるような消費行動をする人々を揶揄する意図である。まったく別の解釈も可能であ

る。つまり、ステイタスを気にしていて生きることの何がいけないのか、という開きなおりである。

ブース（Booth）というイギリスのジンが1965年に打った広告は、ヘッドラインにずばり、"I hate conformity because…"を使った。…の部分はこの広告を見た人に考えてもらおうというアイデアである。このコピーの脇にはネクタイがあり、"Protest against the rising tide of conformity"というフレーズが幾つかの絵柄とともに描かれている。別のジンのブランドであるゴードン（Gordon）は、1967年にロックバンドの写真を使い、"new free spirit"の語句を使用した。ウォルフシュミット（Wolfschmidt）というウォッカは、リアリーの"tune on, tune in"のフレーズを使い、同商品がLSDと同一視されることを望んでいるかのような広告を打った[10]。

戦後のアルコール消費の増加は、ベビー・ブーム世代が牽引したのではない。戦後に生まれた子どもが飲酒年齢に達するまでには20年ほど待たなければいけないので、その効果は早くても1965年ごろからである。アルコールの消費量を増やしたのは親の世代である。アルコール飲料製造企業は、ヒッピー世代がカウンターカルチャーの反体制的・ヒューマニズム重視のメッセージを発する以前から、反抗のイメージが大人世代に訴求力があることを見抜いていた。やがて、カウンターカルチャーが起こる1960年代後半になると、企業はカウンターカルチャーのイメージを使うようになった。だから、企業はカウンターカルチャー世代にターゲットを絞った宣伝戦略を採用したのではなく、それ以前から反抗のイメージを採用しており、カウンターカルチャーは反抗のイメージを芸術的な形式にしたことによって、企業がカウンターカルチャー的な意匠を広告に取り入れたのである。

ペプシ・コーラの広告戦略

アルコールが反体制というイメージとともに消費されると同時に、それによって人間的魅力も高めるとする広告の訴求力は、他の嗜好性飲料にも使われた。代表的なものはペプシ・コーラの宣伝戦略である。ペプシ・コーラを製造するペプシコ社の広告は1960年代のユース・カルチャーを象徴するような広

告を相次いで打った。1961年から1963年にかけてペプシは、ヘッドラインに"Now it's Pepsi for those who think young"を使い、同ブランドを若さと結びつけた。1963年には、Pepsi Generationと銘打つようになり、ペプシの消費者を1つの世代としてカテゴライズする。雑誌などの印刷媒体に掲載した広告では、modern, now, newなどの単語を多用することで、溌剌として快楽志向的な現代的アメリカ人を広告空間上に演出した。ペプシ広告は、1960年代が進むにつれて「過激」化していった。1969年には、サイケデリック・デザインを採用した。

ペプシコ社にとって都合がよかったのは、コカ・コーラという巨大ライバル企業が存在していたことだった。ペプシは、コカ・コーラとの比較広告を行ったわけではなかったが、いちいち言わなくても、コカ・コーラ社と言えば市場シェアを支配する巨大企業であることはアメリカ人にとっては自明の事実だった。そして一部の若者だけでなく、反体制的なムードを共有したアメリカ人の多くは、肥大化しすぎた企業を諸悪の根源のように考えていたので、消費者は無意識のうちに「コカ・コーラ対ペプシ」=「大企業対個人」と図式化した。ペプシが若さや溌剌さを強調すればするほど、コカ・コーラは逆に硬直的で元気のない組織に見えてしまった。

Pepsi Generationと銘打った広告は、同製品が20代前後の年齢層にターゲットを絞ったのではなく、人生における態度としての若さの追求を消費者に訴求したものだった。態度としての若さは、気持ちの持ち方であり、自己表現の方法であったので、実年齢にかかわらず若さを表現することは可能である。このことは、局所的で一部の世代によるカウンターカルチャーが、アメリカの主流をなす広範な社会層とある程度重なったことを意味する。

1963年はLSD文化の分岐点

カウンターカルチャーにおけるLSDの位置づけについて、分岐点となったのは1963年である。この年に、サンドウズ社が持っていたLSD製造特許が切れたのにしたがい、FDA（Food and Drug Administration 食品、医薬品などの認可や安全を監査する政府機関）はLSDを使用制限付きの薬物に指定し、

製造や使用を制限した。それには、LSD 自体の身体への影響に対する評価のほかにも、遠因があった。1962 年に発生したサリドマイド事件である。医師を通じて処方された、承認一歩手前の精神安定剤サリドマイドを服用した妊婦から次々に奇形児が生まれた。精神に作用するという点でサリドマイドと共通する LSD に対して、FDA は慎重な対応をとったと考えるのは自然である。

サンドウズ社が特許を保持していた時期は製造元も流通経路も限られていたので、LSD を体験できる人は限られていた。先に書いたようなグラントのような著名人がアルコール中毒などを治すために高額の治療費を払う以外には、治験者になって LSD を体験するという方法があった。LSD 他の薬物の医学的効用を検証するには臨床実験のための治験者が必要となるので、研究機関はアルバイトで治験者を募り、薬物を投与してデータを収集した。キージーは、治験者として 1962 年にメンロ・パークの研究所でメスカリンを投与され、その影響下で『カッコーの巣の上で』を書いたとされている。ギンズバーグも、1960 年にハーヴァード大学でリアリーの研究のための治験者として LSD を投与された。

もっと古くでは、イギリス人作家でカリフォルニア在住のオルダス・ハクスリー（Aldous Huxley）が、精神科医の指導の下で 1953 年にメスカリンを、1955 年に LSD を体験した。メスカリン影響下における知覚の変容を記した本が『知覚の扉』（*The Doors of Perception*）（1954 年）で、1960 年代ヒッピーたちのバイブルとなったことは言うまでもない。キージー、ギンズバーグ、ハクスリーのような作家が自らの LSD 体験を、いわば魅力的に本や詩に記したことで、ヒッピーたちも LSD 体験を望むようになった。

ジャニガー教授と 1962 年に面会したこともあるリアリーは、LSD などの幻覚性薬物は人間の抑圧を解き放つ効果があるので、科学実験や医療目的でのみ使用するのではなく、意識変容ツールとして誰でも使えるようにするべきだと主張した。この点で、リアリーはハクスリーやギンズバーグとは意見を異にした。ハクスリーは LSD について、知的・精神的に十分成熟した人だけが LSD の恩恵にあずかれると考えたので、無制限な LSD の使用には批判的だった。ギンズバーグも LSD ほかの薬物の効果を熱く語りはしたが、創作活動の

助けになるという以上の理由はなく、どちらかといえばハクスリーと近い意見だった。リアリーはそのような選民思想には異を唱えた。リアリーにとっては、LSD 体験は宗教体験とおなじであったので、望む人には等しく体験させるべきだという立場をとった。

　1963 年が LSD 文化の起点の年だと言うのにはもう 1 つ理由がある。リアリーがハーヴァード大学を追放されたのがこの年だった。ハーヴァード大学がリアリーを解雇したことで、リアリーが偶像化されたからである。リアリーは LSD を心の自由を獲得するためのツールと考えていたので、リアリーを追放したハーヴァード大学は心の自由を抑圧する権力者として、ヒッピーたちの目に映った。折しも、1960 年代前半の大学と言えば、ハーヴァード大学のような有名大学のみならず、全国各地の州立大学も学生数が増加の一途をたどっていった。学生数の急増に対応するため、事務管理の必要からコンピューターを導入する大学が増えてきた。ベイエリアの名門カリフォルニア大学バークリー校は全国で最初にコンピューターを導入した。一部の学生にしてみれば、それはまるで大企業が社員を管理するかのような印象さえ与えた。バークリー校で、マリオ・サヴィオ（Mario Savio）をリーダーとしてフリー・スピーチ運動が始まったのは 1964 年で、サヴィオは、コンピューターあるいは機械化全般に対して、人間を抑圧するという理由で強固に反対した。

LSD 非合法化

　リアリーがサンフランシスコに来た翌月の 1966 年 10 月、カリフォルニア州で LSD 所持が非合法化された。この決定に対して、サンフランシスコのヒッピーたちはゴールデン・ゲート・パーク近くでラヴ・ページェント・ラリーと名付けたデモを行った。デモと言っても、LSD 非合法化反対を叫ぶ政治的な色合いを出したデモではなく、グレイトフル・デッド、ジョプリンなどの音楽演奏がメインで、ゲストとしてリアリーやキージー、ヘルズ・エンジェルなどの「LSD 系有名人」が参加した。デモの一部として、サンフランシスコ市長や北カリフォルニア州検事総長に、アサガオの花とマッシュルーム（アサガオは LSD と似た分子構造を持ち、ある種のマッシュルームは LSD のような幻覚

作用を引き起こす)を贈呈するというあてこすりも行った。

また、「独立宣言の預言」という短い文章を発表した。1776年の「アメリカ独立宣言」の冒頭の文句を基本的な意味は変えず、ヒッピーの価値観に沿うように書き直した内容だが、LSDの非合法化については直接には触れていない。人生を楽しむことや意識の拡大は、アメリカ市民の侵されざるべき権利であるという記述にとどめているが、LSD非合法化は独立宣言の趣旨に反しているというメッセージを読み取ることは十分可能である。

ヒッピー・コミュニティは、意識改革の大切なツールであったLSDが非合法化されたことに対して、権力と真正面から対決する方法をとらなかった。その点で、「独立宣言の預言」は、サヴィオのような政治的スピーチとは性格を異にしていた。アメリカ独立宣言を引き合いに出して、個人の自由を奪うことに対しての抵抗をさりげなく示し、サンフランシスコ市長にアサガオとマッシュルームを贈り、集まったヒッピーたちにはバンド演奏で楽しんでもらった。すべて合法の範囲内で、社会秩序を壊さないように、世間の反感を買わないような方法で、LSD非合法化反対のデモを繰り広げたのであった。

1960年代終わりは、カウンターカルチャーに代表される文化運動とともに、ニュー・レフト(New Left)と呼ばれる政治革命を目指す運動も活発だった。カウンターカルチャーもニュー・レフトも担い手は大学生だった。2つの運動を明確に分けることは難しい。2つを区別するためによく使われる基準は、前者が文化運動(あるいは私領域への関心)で、後者は政治運動(あるいは公領域への関心)という違いである。しかし、現実にはどこまでが文化(私領域)で、どこまでが政治(公領域)なのかをはっきり分けることはできない。実際、両者はしばしば融合した。たとえば、1967年1月のヒューマン・ビー・インは、作家のメイラーほかが「政治的」スピーチを行った一方で、ビート詩人のギンズバーグやスナイダーがサンスクリット語のマントラを唱える「文化的」パフォーマンスを行ったり、バンド演奏もあった。政治的集会とも言えるし、文化イベントとも言える。

「政治」と「文化」で両者を区別するよりも有益な尺度は、既成権力との接し方である。ニュー・レフト運動の核ともいうべきSDSは、設立の当初から

政治的野心を明らかにして、アメリカの政治・社会制度を変えることを目的とした。目的の遂行のためには既成権力との衝突をいとわなかった。この点でよく知られているのは1968年8月の民主党全国大会（大統領候補が公式に選出される大会）の行われたシカゴで、SDSのデモ隊がシカゴ市警察によって鎮圧された事件である。翌年の10月にも、再びシカゴで、SDSから分裂したウェザー・アンダーグラウンド（Weather Underground ウェザーメン Weathermen とも呼ばれる）は警察と武力衝突した。警察の武力行使の是非については議論があるが、ここではその問題には立ち入らず、ニュー・レフトは権力と真っ向勝負を挑んだという点を指摘しておくにとどめたい。

　一方、カウンターカルチャーでは、個人のレベルでは逮捕されたりすることはあったが（例として、キージーのマリファナ所持による逮捕）、全体としてみれば彼らは権力と衝突することを避けた。LSD非合法化に合わせたラヴ・ページェント・ラリーのように、ヒッピーたちの文化的戦術はユーモアに近いものがあり、権力をからかう、皮肉る、笑い飛ばすことに非常に長けていた。

バナナ・デマ

　この文化的戦術を如実に示すもう1つの例が、バナナ・デマ（banana smoking hoax）である。誰が言い出したのかは不明だが、LSDが違法化されたすぐあとからベイエリアのヒッピーたちの間で、ある噂が広まりだした。バナナの皮と果実の間にある繊維質のすじを乾燥させて、マリファナのように吸うと、LSDと同じようなトリップ感が味わえるという噂である。この噂は口コミで伝わるとともに、アンダーグラウンド雑誌の共同配信システムを通じても広まった。そして、イギリス出身のシンガー、ドノヴァン（Donovan）が"Mellow Yellow"という曲で、"electrical banana"という語を使った（electricalはトリップによるハイな状態を指す語）ことで、信じるか信じないかは別にして、このバナナの話を知らないヒッピーはいないほどまでに広まった[11]。

　アビー・ホフマン（Abbie Hoffman 1968年のシカゴ民主党全国大会デモで逮捕された1人。Youth International Partyを設立。第3章参照）は、この噂を信じたふりをして、バナナで合法的、安価にLSD体験できると吹聴する

とともに、バナナの輸入商社であるユナイテッド・フルーツ社に対しては、立派な国際的企業が実は何十年も前から違法ドラッグを販売していた、とユーモアを飛ばした。別の者は、警官の前でバナナを吸うことを提案した。もし職務質問されたら、「これはバナナです。LSDではありません。バナナでトリップしてるんですよ」と答えれば、警官はなにも言えない、と書いた。さて、その警察であるが、スーパーで大量のバナナを買い込む若者に尾行をつけているという噂がまことしやかに広まった。

いったい、どれくらいのヒッピーが非科学的なバナナの話を信じたのかは分からない。警察が本気でバナナを購入するヒッピーを尾行したかどうかも定かではない。事実がどこにあるにしても、バナナ・デマの逸話が語るのは、ヒッピーたちはこの噂を利用して、警察やユナイテッド・フルーツ社を皮肉る諧謔精神を発揮したということである。バナナ・デマが広まり始めたのがLSD非合法化の前後だったというタイミングからして絶妙であるし、とにかく広まった噂を利用して、警察やユナイテッド・フルーツ社を風刺するしたたかさは、ニュー・レフトの政治運動にはなかった特徴である。

LSD卒業記念パーティー

1967年10月30日、恒例行事のハロウィーンにあわせて、キージーはウィンターランド（ビル・グラムの経営するライブホール）にてLSD卒業パーティーを開催した。キージーはこれまでにアシッド・テストと称したLSD体験イベントを1965年11月から定期的に主催してきたが、非合法化されたこともあり、今回がその最終回だった。この卒業パーティーは、純粋にロック・コンサートとして楽しめるような類のものであった。キージーはLSDにたよらずに心を解放する手段を見つけることを観客に訴えた。

LSD非合法化はヒッピー・コミュニティを悪化させてしまった。1966年10月以降、ヒッピーたちのLSDにまつわるトラブルは減るどころか増える一方だった。アンダーグラウンド系新聞『バークリー・バーブ』（Berkeley Barb）は、1966年12月と1967年6月にLSDレスキューというボランティア団体の活動を記事にした[12]。LSDレスキューとは、ドラッグで身体に変調をきたし

た人たちに無料で応急手当を行うグループのことだが、同記事は、救急要請の電話が増え続け、人員が不足していると報じた。大手メディアも LSD の危険性を印象づけるような記事を配信した。『タイム』誌は、LSD ディーラー殺害事件を報道した。記事によると、殺害の動機はディーラーから買った LSD でバッド・トリップしたことに腹を立てたことによるものだった。犯人は殺害時にアンフェタミンの影響下にあったと警察は発表した。平和と同義語だったヒッピー・シーンは急速に悪化していると同記事は書き、前の週にはバッド・トリップで飛び降り自殺した若者もいたと書き添えた。LSD 文化を先導してきた『オラクル』誌も、キージーと歩調をそろえるように、「売るな、買うな、薬物からは距離をおこう」と誌面を通じて呼びかけるようになった[13]。

　1967 年 12 月 20 日、LSD 長者と呼ばれていたスタンリー 3 世の研究所が警察の家宅捜索をうけた。彼は LSD 製造の罪で逮捕された。カリフォルニア州が LSD を非合法化した 1966 年 10 月以降、スタンリー 3 世はコロラド州に研究所を移し、そこで LSD を製造し、錠剤にする工程をカリフォルニアで行った。家宅捜査を受けたカリフォルニアの研究所では 350,000 錠の LSD が押収されたという。スタンリー 3 世は個人使用目的だと空しい弁明をしたが、3 年の禁固刑を言い渡された。

まとめ

　LSD がヒッピーたちの価値観に合致した理由は、それが高度資本主義体制によって管理・制御されてしまった（と彼らは信じた）身体・精神を初期化することを期待したからであった。ヒッピーたちが果敢に精神の建て直しを目指した背景には、戦後アメリカ社会がさまざまなチャンネルをとおして人為的に精神を変容させることを推進したという事実があった。精神科医のカウンセリング治療が上流・中流階級に広まり、LSD について、1960 年代以前は、CIA や大学、研究機関で研究されており、膨大な数の論文が発表された。ハリウッド俳優などの有名人はその一環で LSD を投与された例もあった。1960 年代に入ると、アルコールやペプシなどの清涼飲料水が、若さや反体制的なライフ・スタイルを自己演出するツールとして宣伝されるようになった。ヒッピーた

ちのLSDも反体制的態度の表現であったことを考えれば、ペプシを飲むのとLSDを飲むのとでは、健康上、法律上の問題を別にすると、それほど差はなかった。ヒッピーたちのLSDはカウンターカルチャーのラディカルさを象徴するものとして理解されるのが一般的だが、当時のアメリカ社会の文脈において考えると、LSDはそれほど異端な存在ではなかったということが分かる。

ロック音楽についても同じことが言えるが、LSD体験による身体・精神の初期化作業は、社会のシステムに押しつぶされかねない個人を高い次元へ導くための第一歩だった。親の世代の価値観、戦後アメリカの政治経済体制、マス・カルチャーと呼ばれた画一的な消費行動、官僚組織のごとく管理された大学、そういったすべてのシステムに抗うには、システムに最適化された思考様式をいったん解く必要があるとヒッピーたちは考えた。アメリカ社会は見事なまでに機能しており、物質的欲求も満たされている。しかし、自分が社会の一員であるという実感を持てなかったのがヒッピーたちだった。LSDによる幻覚体験は、一時的であれ、一切の社会的束縛から解かれた自分を知り、その「本当の」自分がアメリカ社会と有機的に繋がっていることを確認する作業だった。それがどの程度達成されたのかは分からないが、自己と社会の繋がりを希求したことは、アメリカに対する強力な批判だった。

注

1) Warren Hinkle, "The Social History of the Hippies," *Ramparts* (March 1967), 18; Heren Swick Perry, *The Human Be-In* (New York: Basic Books, 1970), 73.
2) Donovan Bess, "LSD: The Acid Test," *Ramparts* (April 1966), 42-50.
3) Ralph Gleason, "One Wild Night—A Trips Festival," *San Francisco Chronicle* (January 24, 1966), 49.
4) Jerry Garcia, interview with Charles Reich and Jan Wenner, *Rolling Stone* (Jan 20, 1972), 40.
5) Gene Anthony, *Summer of Love: Haight-Ashbury at its Highest* (San Francisco: Last Gasp, 1970), 109.
6) "An Epidemic of Acid Heads," *Time* (March 11, 1966), 44-45.
7) "The Curious Story Behind the New Cary Grant," *Look* (September 1, 1959), 57-59.
8) David Farber, *The Age of Great Dreams: America in the 1960s* (New York: Hill

and Wang, 1994), 178-179.
9) Vance Packard, *The Status Seekers* (New York: Penguin Books, 1959).
10) Thomas Frank, *The Conquest of Cool: Business Culture, Counterculture, and the Rise of Hip Consumerism* (Chicago: University of Chicago Press, 1998), 135.
11) John McMillan, *Smoking Typewriter: The Sixties Underground Press and the Rise of Alternative Media in America* (New York: Oxford University Press, 2011), Chapter 3.
12) "LSD Rescue Ready To Ride Along," *Berkeley Barb* (December 9, 1966), 6; "Help LSD Rescue Service," *Berkeley Barb* (June 7, 1967), 13.
13) "End of the Dance," *Time* (August 18, 1967), 22-23; "In Memoriam for Superspade and John Carter," *Oracle* (Augast 1967), 4.

第3章
フリー、ストリート・シアター、イッピー
──革命という名の演劇

　カウンターカルチャーの時代にベイエリアで活発に公演を行った劇団に、サンフランシスコ・マイム・トループ（San Francisco Mime Troupe 以下 SFMT）があった。現在でも活動しているこの劇団は社会風刺劇を得意とした。社会風刺劇はあらゆる社会でいつの時代にも存在した様式の演劇であり、特段珍しいわけではないが、SFMT に影響を受けた他の「演劇的な」集団が過激な方向に進んでいった。すなわち、ディッガーズや、アビー・ホフマンとジェリー・ルービン（Jerry Rubin）率いる YIP のことである。

　SFMT から離脱したメンバーで結成されたディッガーズは、劇団というよりは社会実験グループと呼ぶ方がふさわしかった。ディッガーズは「フリー」の思想を、芸術ではなく生活レベルで実践するために、無料の炊き出しサービスや生活必需品の提供を行った。そして、ディッガーズの東海岸版である YIP は、「ストリート・シアター」を発展させて、メディアを劇場と見立てた過激なスペクタクルを演じた。すなわち、1968年民主党全国大会におけるデモや、1969年の「義憤の日々」（Days of Rage）のような反社会的な破壊活動（終章参照）のことである。本章はこれらの3つの集団を、時代を追って記述していきながら、「フリー」と「ストリート・シアター」がカウンターカルチャー全体にどう関係したのかを考察していく。

サンフランシスコ・マイム・トループ

　SFMT の結成は1959年にさかのぼる。ニューヨーク出身のR・G・デイヴィス（R. G. Davis）はフルブライト交換留学生としてパリでマイムの勉強をした

第3章 フリー、ストリート・シアター、イッピー──革命という名の演劇

あと、ニューヨークで演劇活動をしていたが、演劇界の商業主義志向になじめず、1959年にサンフランシスコにやってきた。そしてアクターズ・ワークショップという劇団に参加した。そこで演出を任されたデイヴィスは、無声芝居に音楽と照明を加えて上演した。これがSFMTの始まりとされている。劇団名にマイムとあるように、設立当初は役者が台詞を喋らない劇をやっていたが、1961年からは役者が台詞を喋るようになった。

SFMTの上演作品にはオリジナル脚本もあったが、大部分はベルトルト・ブレヒト（Bertolt Brecht）、サミュエル・ベケット（Samuel Beckett）、アルフレッド・ジャリ（Alfred Jarry）、ジャン−ポール・サルトル（Jean-Paul Sartre）などのヨーロッパの現代劇作家の作品や、15・16世紀のイタリアやフランスの作品を脚色して演じることが多かった。社会風刺劇団の例にもれず前衛的で政治色の強い劇団で、理念的には1920年代・30年代フランスのアントナン・アルトー（Antonin Artaud）の残虐劇や、ブレヒト（1954年までアメリカに居住。非米活動委員会の証人喚問を理由に東ドイツに帰国した）の社会啓蒙劇に多くを負っていた。演出においても、ブレヒトが好んで使った1人2役のキャスティングや、観客に直接問いかける手法を取り入れた。

SFMTの特徴には以下に述べる4つがあった。まず、その政治性である。SFMTは社会風刺や政治的アジテーションを得意としたので、当時のアメリカの政治状況に直接言及するような題材を多く扱った。1965年、SNCCやSDSの支援を受けて、公民権運動を支持する芝居「ミンストレル・ショーあるいはクラッカー・バレルの公民権運動」で全国の大学キャンパスを廻って公演ツアーを行った。1967年には、ヴェトナム戦争を題材にした作品をひっさげてキャンパス・ツアーを挙行した。彼らは批判の矛先を政府だけでなく、ヴェトナム戦争に加担していた企業にも向けた。その作品で標的にされたのは、米軍がヴェトナムで使用したナパーム弾を製造したダウ・ケミカル社だった。SFMTはこの作品をニューヨークで2週間公演したときに、街頭デモ行進も行った。

2つ目には、SFMTのマルチメディア志向があげられる。SFMTが設立された1959年には、私たちが今日カウンターカルチャーと呼んでいるような現

象はまだなかったが、のちのカウンターカルチャーの特長を先取りするような、音楽や照明を重視したマルチメディア的な演出を志向していた。商業ベースで行われるブロードウェイのような演劇は別にして、小劇団演劇では、演技、演出、脚本が芝居の評価を決める三大要素であり、音楽や照明はあまり重視されなかった。しかしSFMTは、立ち上げ当初から照明、音楽・音効を作品の重要な要素と見なしていた。のちのサイケデリック・ロックやLSDパーティーでも、視覚、聴覚を刺激して身体感覚を変容させることに価値を置いたことを考えると、SFMTの演劇は来るべきカウンターカルチャーのマルチメディア性を先取りしていた。

さらに3つ目として、SFMTは「劇場」の再定義、あるいは拡大解釈を行った。SFMTは公共空間である公園を主な上演場所として使った。SFMTにとっては、公共の場所が「劇場」だった。当時のアメリカ人の感覚では（現在の私たちもそうだが）、劇場というと1つの建物のことを指し、客は入場料を払って劇場に入り、終わったらそこから出る。劇場の中にいる間は芝居の世界に入り浸れるが、芝居が終わり劇場から一歩外へ出たら現実の世界に戻る。つまり、劇場という物理的空間は、現実と非現実を隔てる機能をもっている。しかし、公園に舞台を設営して上演するSFMTの芝居では事情が違ってくる。上演が行われる公園に行き、芝居を観る。芝居空間と現実世界を仕切るものは何もない。舞台から少し目をずらすと、車が行き交い上空には飛行機が飛び交い、付近の住居や高層ビルが目に入るというような環境でSFMTの芝居を観るわけである。さらに、彼らの芝居は社会風刺を含んでいるので、観客は好むと好まざるとに関わらず、上演空間と連続している現実空間のどこかで、彼らの風刺の対象（政府、大企業など）が実際に存在することに気づかざるをえない環境に置かれた。

最後の4つ目の特徴として、「フリー」思想があげられる。SFMTの公演は無料で見ることができた。客はカンパという形でSFMTの活動を支援した。木戸銭を徴収しなかっただけでなく、SFMTはサンフランシスコの稽古場にあるオフィスをSDSの支部に無償で貸したり、Free Universityと称して演劇関連のワークショップを無料で開催した。決して有り余る資金を持っていたわ

第3章　フリー、ストリート・シアター、イッピー——革命という名の演劇　57

けではないのに、SFMTは無料ということにこだわった。

　SFMTのフリー思想は、たんなる気前のよさではなかった。それは矜持のようなものだった。市などからの芸術活動助成金も受け取らなかったという。金に執着するのはみっともないという考えを劇団員は共有していた。社会の貧富の差が生まれるのは人々が金に執着するからだと考え、戦争が起こるのも、戦争によって経済的利益を受ける企業（ダウ・ケミカルのように）が存在するからだと彼らは考えた。無料で公演を行うこと自体が、すでに彼らの演劇の一部だった。金に執着しないというのは、数年後に花開くカウンターカルチャーの基本思想の1つとなる。

　SFMTの事務部門を統括していたのはグラムだった。グラムは、ロック・ビジネスの創始者として、サンフランシスコのヘイト・アッシュベリー地区でロック・コンサートや、ニューヨーク市郊外のウッドストック・コンサート（1969年）を企画・運営するなどして、後に広く名を知られるようになる人物である（第1章参照）。ロックはビジネスとして成立するという感触をグラムが得たのは、実はSFMTでの経験からだった。上に述べたように、SFMTはカンパに頼っていた。しかも客の多くは学生や定職を持たない若者だったので大判振る舞いを期待することもできず、常時資金不足に悩まされていた。グラムは資金不足解決の手段として、1965年11月に「アピール」と銘打ったSFMT義援コンサートを企画した。ヘイト・アッシュベリー地区にあるフィルモアで、地元のバンド（有名になる前のジェファーソン・エアプレイン、グレイトフル・デッドなど）をブッキングし、ロック音楽を聴きながらダンスで楽しむ形のコンサートを開催した。コンサートは大成功を収めた。この成功を聞きつけたステュアート・ブランドは、自らが企画していたトリップス・フェスティバル（1966年1月）のスタッフにグラムを加えた。トリップス・フェスティバルが成功裡に終わった2週間後、グラムはSFMTの事務統括部門の仕事をやめて、フィルモアでロック・コンサートを毎週末に開催するビジネスに専念することにした。

ディッガーズ誕生

　SFMT主宰のデイヴィスは、芸術と政治の関係については素朴なマルクス主義的文化論を信じていた。つまり、芸術は政治的目的を達成するために役立つべきだという考えである。よって、彼の演劇は、社会の腐敗を知らしめることで観衆を啓蒙することを主眼とした。その延長線上で、1964年頃から、SFMTは自分たちの演劇を「ゲリラ・シアター」と呼ぶようになった。公園や路上という公共の場所を「占拠」して、観客を傍観者としてではなく、ゲリラ活動の参加者として巻き込むことで、SFMTの芝居は劇団と観客の共同戦線のような色合いを帯びるようになった。SFMTは政権打倒や武力革命を訴えたわけではなかったが、ゲリラ的芸術反乱を企てることにより、観客に社会現実を知らしめ、次なる行動に一致団結するための契機になることを期待していた。

　1966年10月に、SFMTのメンバー約20人が脱退し、ディッガーズと名乗り独自の活動をはじめたことで、ゲリラ・シアターの思想は芸術の枠を超えることとなった。ディッガーズは無料の炊き出しをはじめとして、その他さまざまなフリー・プロジェクトを実践した。その最たるものがフリー・フレーム・オブ・リファレンス（Free Frame of Reference）という店だった。そこにはメンバーが集めてきたさまざまな物資が置かれていて、来た人はほしいものを何でも無料で持って行ってよかった。だから「店」という言葉は適切でないかもしれない。なぜなら、店とは客が商品と貨幣とを交換する場所を意味するからである。ディッガーズは経済活動の基本である貨幣を否定するようなことを始めたのである。

　ディッガーズの面々は、SFMTのリーダーだったデイヴィスと対立したメンバーたちだった。脱退したメンバーたちは、演劇の枠組みにとらわれず社会に直接影響を与えるような活動を志向したが、デイヴィスは演劇の形にこだわったため、SFMTを去ることを決めた。ディッガーズのリーダー格エメット・グローガン（Emmett Grogan）は、SFMTが社会改革を掲げて大衆啓蒙的な芝居をやっても、所詮は演劇であり直接社会を変革することはできないと考えた。ほかにも、SFMTの公演規模が徐々に大きくなり、1965年には外部

第 3 章　フリー、ストリート・シアター、イッピー――革命という名の演劇　59

からの資金援助を受けてキャンパス・ツアーをするほどにまで成長した。入場料は取らないという基本方針は崩さなかったが、グローガンにとっては成長したSFMTがほとんど資本主義のシステムに寄生した集団のように思えた。

　ディッガーズ結成によってゲリラ・シアター第2幕が始まった。ディッガーズは一般通念から言うと劇団ではなかったが、町全体を劇場と見立てて、フリーという芝居を演じた。ディッガーズという名前の由来は17世紀のイギリスで、大地主が集約農業をするために議会に働きかけて、共有地を私有地として囲い込んだことに反対した実在の組織からとった。1960年代のサンフランシスコに誕生したディッガーズも、私有制度を排除した協同社会の建設を実現しようという漠然とした方向性を持っていた。

　ディッガーズのユートピア的なフリーの実践を支えたのは、もちろんボランティアである。ディッガーズのメンバーの無償奉仕だけでなく、外部の協力があったからこそ、彼らのユートピア的実践は短期間であったが実現した。労働力と物資を無償で提供する外部のボランティアにも2つのタイプがあり、1つはそれなりにお金を持っていてディッガーズの活動に賛意を示した人たちである。たとえば、ニューヨークでライムライターズ（Limeliters）というフォーク・グループで活動していたルー・ゴットリーブ（Lou Gottlieb）は、グループ解散後サンフランシスコにやってきて、『サンフランシスコ・クロニクル』紙のスタッフ・ライターとして収入を得る一方で、モーニング・スターと呼んだ広い農場を所有し、そこで収穫した野菜をディッガーズの無料炊き出しに提供した（第4章参照）。それから炊き出しの調理場所やディッガーズに事務所のスペースを提供したのは教会だった。もう1つのタイプは、お金はない代わりに時間はたっぷりある学生である。そういう学生たちは調理や運搬などを担当した。もっとも、学生の中には、親から多くの仕送りをもらい金銭的余裕を持つ者もいたので、そういう学生は自らの労働力だけでなく、食材などの物資を提供した[1]。

　当時のアメリカは未曾有の好景気を謳歌していて失業率は低く、失業しても失業保険などの社会福祉予算が充実していたので生活には困らなかった。ジョンソン政権は社会福祉重視のグレイト・ソサエティ（Great Society）政策を

推進したので、社会福祉関連の予算が下り下ってディッガーズの活動を間接的に支えていたと言える。またディッガーズのメンバーのほとんどが大学卒の学位を持ち、裕福な親から小遣いをもらえる者もいた。したがって、お金に汲々とした経験を持たなかった、というより必要がなかった。だから、これだけ豊かに時代に金銭的に搾取するのは、非人道的だという感覚があった。この感覚は多かれ少なかれ広くヒッピーたちに共通していたものである。

さらに、ディッガーズのフリー活動はヒッピーたちのコミュニティ形成に一役買った。炊き出しというと生活貧窮者のための福祉サービスのような印象を持つが、炊き出しの恩恵にありついたのは、貧窮者というよりは生活にはさして困っていないはずのヒッピーたちだった。彼らはディッガーズの炊き出しにやってきては仲間と会いネットワークを広げていった。フリー・フレーム・オブ・リファレンスも福祉サービスというよりは、ヒッピーたちの交流の場所という側面が強かった。

ヘイト・アッシュベリー地区では、ディッガーズに触発されて多くの無料サービスが始まった。たとえば、フリー・メディカル・クリニックという無料の医療サービスが1967年6月に始まった。医師免許をもった30人の医者と大勢のボランティアが無報酬で働いた。このクリニックを始めたスミス医師によると、彼が勤務していた病院がヒッピー風の患者の診察拒否をしたことがきっかけで、無料でクリニックを始めることにしたと言う。しかしクリニックの資金繰りは苦しかったらしく、診療所を開いた翌月には義援コンサートを行った。その努力もむなしく、9月には診療所を閉じた。また、1966年終わりにはLSDレスキュー・サービスが始まった。名前から察せられるとおり、LSD摂取で身体に変調をきたしたヒッピーたちに応急手当を施した。サンフランシスコ州立大学近くの教会に事務所を構え、電話で相談や診療要請を受けた。こちらもやはり資金繰りに困っていた。似たようなサービスで、ヒップ・クリニックという24時間対応の健康に関する電話相談所や、無料の法律相談所もできた。

ディッガーズは、芸術家集団というよりはユートピア的政治結社のような性格を強く出した。経済的呪縛から解放されるという思想は、アメリカ史に幾度

と現れたユートピア思想の 1960 年代版であり、それ自体は目新しくはないが、ディッガーズの野心的実践は 1960 年代の社会状況では特別な意味を持った。それは豊かな社会におけるユートピアは何かという新しい問いかけであった。アメリカに限らず、西洋先進国でもいくつものユートピア思想が現れては消えていったが、これまでのユートピア思想では社会全体としての貧困が前提にあり、それを乗り越えるための原始共産的なユートピア建設が一定の支持を得た。一方、ディッガーズは豊かな 1960 年代のアメリカで、豊かであるが故に生じた精神的歪みを矯正する手段としてフリーを実践したのであった。

ヒッピーの経済学

ところで、ヒッピーたちはどうやって収入を得ていたのだろうか。1967 年 8 月の『ルック』誌の記事によれば、ヘイト・アッシュベリー地区に住むヒッピーたちの主な収入源は、郵便配達、バンド演奏、観光客相手の物品販売、失業保険、親からの仕送り、ドラッグ取引、あるいは物乞いということである。この 7 つの中では、親からの仕送りと失業保険が一番安定して得られる収入源だった。次は郵便配達だと思われる。ドラッグ取引は違法なのでリスクが高いし、他の収入源は技能を要するか、不安定である[2]。同年 2 月の『ニューズウィーク』誌は、ある男性ヒッピーの言葉を紹介した。彼は、「数週間食べていけるだけの金を稼いだら働くのをやめるが、自分を怠け者だとは思っていない。それは金を稼ぐよりも大切なことがあるからで、単調な仕事で人生を無駄にするよりは、もっと楽しく創造的に生きる方がいいと思う」と語っている[3]。

サンフランシスコという町自体もヒッピーたちの生活スタイルには好都合だった。当時のサンフランシスコは、同規模の都市に比べるとアパートの家賃は比較的安かった。ヒッピーたちの多くは 5 から 6 部屋ある一軒家を仲間で借りて住んだ。さらに 1 年をとおして温暖な気候なので、夏は冷房が必要なほどまで気温は上がらないし、冬はヒーターが必要なほどまでに気温は下がらないので、光熱費はそれほどかからなかった。半袖と長袖のシャツがそれぞれ 1 枚、それにジーンズがあれば 1 年中過ごせる町である。

食事も仲間同士で助け合った。ディッガーズの炊き出しなども利用できた。

当座の金に困った者がいたら、仲間が貸し付けたり、食事を振る舞ったりと協力し合った。ヒッピー・コミュニティは相互扶助組合のようなものだった。ヒッピーたちは金銭欲や物欲にとりつかれないことを是としていたので、それはそれで機能していた。

　ヒッピーたちは金のかからないライフ・スタイルを志向していたとはいえ、生活するには最低限の出費はかかる。それでも、上にあげたような手段で彼らなりに満足のいく生活ができたのは、ヒッピー人口が小規模だったからだ。互いが互いの顔見知りである小さな集団で、かつ、誰も金を稼ごうとか貯めようとしないという条件では、集団内で少量の貨幣をすばやく循環させれば、なんとかやっていけた。

　だが、これはあくまで、小規模の顔見知り同士のコミュニティだからできたことである。もし1人でも金を貯めようとする者が出てくると、その人間のところで貨幣流通が滞るので全体に金が回らなくなる[4]。ヒッピーのライフ・スタイルがメディアを通じて全国に広まり、大勢の若者がこぞってサンフランシスコに押しかけた1967年の夏（この現象は一般にサマー・オブ・ラヴと呼ばれている）以降、これまで機能していた互助的コミュニティが持続不可能になるのは必然だった。これまで平穏を保っていたヘイト・アッシュベリー地区に、新参ヒッピーが一気に流入してくると、当然、コミュニティの秩序は崩れた。治安が悪くなったことに加えて、人口過密が問題化した。ディッガーズのフリー活動にも規模の経済学は直接影響した。ディッガーズの炊き出しやフリー・フレーム・オブ・リファレンスに来る人数が限られていた時は、食事や衣服などの物資量を確保できたが、急激に増えた需要を満たすだけの量を供給することは難しくなった。前述したフリー・メディカル・クリニックやLSDレスキュー（第2章も参照のこと）が、たち行かなくなった主因は、ヒッピー人口の急増にあった。歴史上の多くのユートピア建設の例にもれず、サンフランシスコのディッガーズも、当初の小規模コミュニティではそれなりに機能していたが、サマー・オブ・ラヴの到来でその範囲を広げなければいけなくなったとき、たちまち機能不全に陥った。

第3章　フリー、ストリート・シアター、イッピー——革命という名の演劇　63

イッピーズ

　ディッガーズの試みが1つの方向性を見るのは、ホフマンのYIPにおいてである。カリフォルニア大学バークリー校出身のホフマンは1968年にニューヨークでYIPを結成し、「東海岸のディッガーズ」を名乗り、マンハッタンのトンプキンス・パークで無料の炊き出しをしたり、フリー・ストアを作った。YIPは党旗を作ったが、デザインはSFMTの劇団旗（黒地に赤い星）に、大麻の葉を加えたものであることからも、ディッガーズやSFMTを強く意識したことがうかがわれる。

　YIPは党（＝ party）を名乗ったくらいであるから、政治的な野心を抱いていたと一般に理解された。しかし、YIPの政治思想を説明するとしても、ヴェトナム反戦とアメリカ政治経済システムの変革を訴えたと説明する以外はほかに方法がないほど平凡なものであった。さらに、YIPは10人程度の友人の集まりでしかなく、既存二大政党に対抗するための本格的な方策を練ったことはなく、とても組織とは呼べない代物だったというのが事実である。

　YIPの特異性は、政治思想にあるのではなく、運動のやり方にあった。ホフマンの目的は、いかにしてメディアを利用して自分たちの存在を世間に知らしめるかにあった。ホフマンはこの点において、類い希なる才能を発揮した。よく知られているのは、YIP結成前に、ニューヨーク証券取引所に見学者を装い侵入して、実際の株取引のさなかに本物の紙幣を燃やしたというパフォーマンスである。彼らはそれを取引所内のバルコニーのようなところでやったので、紙幣の燃えかすがひらひらと階下に舞い落ち、取引に集中している関係者の頭に降りかかるという、映像的にはたいへん秀逸なパフォーマンスとなった。これは犯罪であり、実際、ホフマンは逮捕された。しかし、もしこれが映画や小説の中の1シーンなら、評論家は大絶賛したことだろう。金銭欲の象徴としての証券取引所で、金儲けにしゃかりきになっている人たちを前に紙幣を燃やすというのは最高の風刺であるからだ。

　ここで考えなければいけないのは、「劇場」の定義である。ディッガーズは演劇の枠組みを飛び出て、ストリートを劇場と見立ててフリーの実践をした。YIPは証券取引所を劇場に見立てたのである。彼らは他にも、黒く染色した水

仙の花や「息をすると健康に悪い」と書いたプラカードを持って電力会社のロビーに行き、煤の玉を投げた。警察が駆けつけると発煙弾で対抗し退散する始末だった。火力発電が大気を汚染する元凶だと YIP は言いたかったのである。新聞、テレビはこぞってホフマンたちの「パフォーマンス」を報道した。テレビや新聞を見て彼らの蛮行を知ることになるアメリカ人全体、いや世界全体がYIP 版ゲリラ・シアターの観客となったのであった。

　YIP は、ゲリラ・シアターの名の下で、革命というものを遊戯にしてしまった。彼らは本気で体制打倒を図ったのではない。でも、彼らは本気で自分を革命家だと信じて、革命演劇の主役よろしく革命戦士の役柄になりきったのである。舞台の上の彼らは、革命家、無法者、有名人などのイメージが混ざり合って、舞台上のペルソナを作っていた。彼らは過激な革命家ではなく、革命家を演じるアクターだった。

　「遊戯」というのは、けっしてホフマンたちが精神的に未熟だったということではない。彼らは、子どもの心を持ったまま成長した大人だった。子どもの心で革命を企てたのである。しかし、彼らの革命には大義も目的もなかった。ちょうど、子どもの遊びに目的がないように。ただ目の前の革命という遊戯に集中した。小さい頃自宅の裏庭で遊んだように、大人になった彼らの裏庭はアメリカだった。比喩ではなく本当にそうだった。メディアが彼らの「芝居」を報じてくれたので、彼らとしては革命劇場が全国放映されているかのような気分だった。彼らはアメリカにいたずらを仕掛けた。それを邪魔されたくなかった。子どもが夢中で遊んでいるとき親がそれを邪魔すると、子どもは機嫌を損ねるように、ホフマンたちも権力によって逮捕されたりすると、それを不当な干渉だと非難した。

　1968 年 8 月、民主党は 11 月の大統領選に出馬する候補を正式に任命するための党全国大会をシカゴで開いた。シカゴには、多くの政治運動グループが集結して反戦運動などを繰り広げた。そこにはもちろんホフマン率いる YIP もいた。彼らがやったことは通常のデモの域を超えていた。テレビや新聞記者に囲まれる中、彼らは独自の大統領候補を立てるという寸劇まがいのことをやった。大統領候補として担いだのはピガサス（Pigasus）という名の豚だった。

ペガサス（Pegasus）をもじって Pigasus としたわけである（英語で pig は、不快な人物や、警察を指すときに使われる隠語）。彼らを含む7人が暴動を扇動したとの疑いで逮捕された。

まとめ

ディッガーズは SFMT のマルクス主義的文化思想をストリートに持ち込んだ。SFMT が演劇でやったことを、ストリートを劇場と見立てて実践したのがディッガーズだった。ディッガーズの試みはつまるところ、資本主義のシステムに乗らない形でコミュニティを建設することだった。お金を媒介としない人間関係、物質欲に支配されない人間関係といったものを、炊き出しやフリー・ストアに集まるヒッピーたちと築こうとした。その試みはわずかな期間しか続かなかったが、この試み自体が、当時のアメリカに対する痛烈な批判であった。

YIP にいたっては、メディアを利用してアメリカ全土を劇場としたような感があった。SFMT やディッガーズは地理的制約を受けたが、YIP はそれを取り払った。YIP の活動は社会の常識を逸したものが多かったが、メディアがそれをニュースにしたという点では、カウンターカルチャーの多くの局面と共通した。カウンターカルチャーは、メディア・イベントという側面もあったので、その意味では YIP の存在は特筆すべきものだったと言える。

注

1) Michael William Doyle, "Staging the Staging the Revolution: Guerrilla Theater as a Countercultural Practice, 1965-1968," in *Imagine Nation: The American Counterculture of the 1960s and '70s*, eds. Peter Braunstein and Michael William Doyle（New York: Routledge, 2002）, 71-97. 本章のディッガーズと YIP の考察については同論文に多くを負っている。
2) William Hedegpeth, "Inside the Hippie Revolution," *Look* （August 22, 1967）, 63.
3) "Dropout with a Mission," *Newsweek* （February 6, 1967）, 95.
4) "Jerry Garcia Interview," *Rolling Stone* （January 20, 1972）, 39.

第4章

共同体的に生きる
──コミューンという静かな革命

　1967年夏、ヒッピー生活に憧れたアメリカ各地の若者が、夏休みを利用しサンフランシスコに大挙して押しかけた。ヒッピーが多く住むヘイト・アッシュベリー地区には、にわかヒッピーたちを取材しようと多くのメディアが訪れた。スコット・マッケンジーが歌う"San Francisco"が大ヒットし、サビの歌詞である「もしサンフランシスコにくるんだったら、髪には花飾りをつけよう」から、フラワー・ジェネレーションと呼ぶメディアも現れた。ヒッピーたちを一目見ようとする一般の人たちのために、わずか2カ月ではあったがヒッピー・ツアーを企画した旅行社も現れた[1]。ツアー客をバスに乗せて、ヘイト・アッシュベリー地区を回るのである。途中バスから降りることはできず（バスガイドの説明によれば、ヒッピーたちの「敵対的な羞恥心」を恐れて、万が一の危険な事態をさけるために）、サファリ・ツアーさながらの催しで一般観光客の好奇心を集めた。

　このサマー・オブ・ラヴと呼ばれる突然の人口流入と入れ替わるように、一部の古参ヒッピーたちは街を離れてコミューン生活を始めるようになった。コミューンとは30人程度を最大とする集団で、自給自足の半隔離的な生活を送るのが一般的であった。簡易な小屋を建てて大部屋で共同生活をし、外に働きに出る者もいるが、メンバーのほとんどはコミューン内で農作業に勤しむ生活である。

　本章では、コミューンの実態とその意義について考える。コミューンが一躍ブームになったのは1967年夏以降だが、この時点でカウンターカルチャーはすでに転機に差しかかっていた。サマー・オブ・ラヴがメディアを賑わせ始め

たのとは逆に、現実のヘイト・アッシュベリー地区は以前とは様変わりを見せていた。LSD が違法化されてすでに 1 年近くがたち、ドラッグがらみの犯罪が目立つようになってきた。ヒッピーたちの大半は現実的な判断から、以前のようにドラッグに深入りすることを避けるようになった。ヴェトナム反戦運動は依然活発だったが、1968 年 3 月にニクソン大統領が次期大統領選不出馬を表明したことで、反戦ムードはややトーンダウンした。この年は、4 月に公民権運動の指導者キング牧師、6 月に大統領候補として民主党内の選挙戦を有利に進めていたロバート・ケネディが相次いで暗殺されて、アメリカは大混乱に陥った。ロックや LSD で社会を変えられるわけではないことに気がつかないほどヒッピーたちは無邪気ではなかった。

　コミューン・ブームは 1967 年夏のサマー・オブ・ラヴ直後からはじまり、1970 年代はじめまで続いた。コミューンへの関心が広まったのがサマー・オブ・ラヴと軌を一にしていたとはいえ、コミューンを始めたヒッピーたちはさまざまな動機を持っていた。ロックやドラッグに象徴されるような快楽追求的なライフ・スタイルに疑問を感じた者、社会変革の理想を持った者、宗教的な理由から精神的な繋がりを求めた者もいた。全体としてみれば、コミューンは必ずしも都市部での生活から逃避するという消極的な理由から行われたものではなかった。さまざまな理由はあるにしろ、共通するのは小さなコミュニティの建設をとおして、高度資本主義体制のアメリカが抱える問題を乗り越えようとする挑戦だった。ヒッピーたちは一般に、彼らが感じる疎外感は資本主義経済と官僚主義的なあらゆる組織（行政、企業、教育機関など）が人間をコントロールしていることに原因があると考えていたので、経済的にも外部システムになるべく頼らない方向をめざした。さらに、コミューンの統治方法についても、リーダーによる上意下達でなく、メンバー全員参加で意思決定する傾向が見られた。

　ベイエリアで最初とされるヒッピー・コミューンは 1966 年春にさかのぼる。サンフランシスコから車で北に 90 分の農場に、ニューヨーク出身の元フォーク歌手が住み始めた。彼の名前はルー・ゴットリーブ（第 3 章参照）といい、農場にはモーニング・スターという名前を付けた。やがて、友人たちが彼の農

場に移住を始めた。1967年春にはディッガーズ（第3章参照）がやってきて食事配給のための野菜作りを始めた。『タイム』誌の記事によると、メンバー数は約30人で、ドラッグはやらず、ナバホ族の文化を勉強したり、なかには裸で生活する女性もいたという。コミューンで生まれた赤ん坊にはアダム・シッダールタと名付けた（注：シッダールタは釈迦のことだが、ヘルマン・ヘッセの小説のタイトルでもある。ヘッセの小説は東洋宗教を素材にしたものが多く、ヒッピーたちに好んで読まれた。第5章参照）[2]。

コミューンの実際例1：『ライフ』誌から

コミューン生活とは具体的にどういうものだったのだろうか。『ライフ』誌が1969年7月に「アメリカにコミューンがやってきた」というタイトルで、写真入りの詳細記事を掲載した[3]。記者がオレゴン州のとある地にあるコミューンを訪れて、その生活をレポートするという内容だった。その記事によると、構成メンバーは17歳から32歳の男女20人弱で、元教師など専門技能をもった人が多く、集団の知的水準は高い。このコミューンを始めたのは14カ月前（1968年春ごろ）という。ほかにも就学年齢に達した子どもやそれ以下の幼児もいる。就学年齢の子供は通常の学校には通っておらず、代わりにコミューンのメンバーがなんらかの形で教えているらしい。彼らはネイティヴ・アメリカンに倣い、ティピー（材木で円錐形を作り、覆いを被せたテントのような構造の住居）を建てて、その中で生活している。1日の始まりは、日本の寺院でよく聞くような音色の鐘を鳴らすことから始まり、夕食時には全員が手を取り合って輪を作り、ヒンズーのオムという念仏を唱える。コミューン入植者は禅や仏教など東洋宗教に興味を持っている者が多いが、聖書を朗読する者ももちろんいる。過去にはLSDやマリファナをやったが、現在はそういったドラッグは使っていないと言う。同時にセックスに関しても以前ほどは開放的ではないという。食事は自給自足で、ほとんどは菜食主義者で、断食を行う者もいる。総じて、慎ましい生活をしている様子がうかがえる。

写真12点を含む9ページにわたるこの記事で『ライフ』誌は、「自然と格闘する」ヒッピーたちを「経済的豊かさからの逃避」と特徴づけ、ヒッピー文化

の進化形という見方をアメリカ全国の読者に提供した。『ライフ』誌の解釈はあながち間違いではない。コミューン・ヒッピーたちは、ロックやLSDといった即席で得られる精神の高揚感や快楽をもはや求めはせず、東洋宗教やネイティヴ・アメリカンを手がかりにして別の種類の豊かさを求めていた。平凡な言い方になるが、物質的豊かさよりも心の豊かさを彼らは求めた。工業化が到来する前の生活を疑似体験することで、彼らが信じていた人間本来のありよう、人間本来の幸福を求めた。

コミューンの実際例２：『ランパーツ』誌から

　次は、『ランパーツ』誌が掲載したコミューンのリポートである[4]。これも『ライフ』誌同様、コミューンを現地取材した記事である。1968年7月、ペンシルヴァニア州にある人口17,000人の町の外れの広大な土地でコミューンを始めた集団があった。彼らはカリフォルニア州南部のサン・ディエゴからやってきた。コミューン人口は36人（男25人、女11人）、年齢は16歳から36歳まで。アメリカ各地の中流階級の出身者たちである。衣服をはじめ多くの物を共有している。共同生活に煩雑なルールは存在せず、決めごとがある場合は投票を行うが、そういうことは稀である。このコミューンは有機農法を実践しており、地元農家の中にはヒッピーたちの果敢な挑戦に陰ながら応援する者もいた。コミューン故、外部の経済システムには頼らないことが原則だが、外部との接触を拒絶したわけではなかった。多くのコミューン同様、このコミューンも見学を受け入れた。

　開放政策をとったとはいえ、地元住民との諍いがなかったのは最初だけで、このコミューンはじきに町の嫌われ者集団になってしまった。原因は、記事の書きぶりから推測するに、ヒッピーたちのライフ・スタイルが地元の子供に悪影響を与えるのではないかという親たちの心配であった。住民の不安はどんどん募っていき、コミューンのメンバーが伝染性肝炎にかかったときは、医師がラジオに緊急出演しコミューンに近づかないよう警告を与えたほどであった。ついには警察がコミューンの全員を公序良俗違反の嫌疑で拘束した。9月にコミューンは行政側と調停を行い、2週間以内に町から退出することを約束し

た。結局、このコミューンは3カ月しか保たなかった。

　コミューンの全体像を正確に把握するのは難しいが、大まかなイメージを掴むために、ある雑誌記事からデータを引用してみたい。文芸色の強い知識人向けの週刊誌『サタデイ・レビュー』(Saturday Review) が1971年にコミューン・ブームを論じた記事を載せた[5]。同記事はコミューンの数として、2つの調査結果を紹介し、3,000、あるいは2,000のコミューンが34州（アメリカは全部で50州ある）に存在するという数字を挙げた。さらに記事はヒッピー世代の若者たちだけがコミューンを作ったのではないということを強調した上で、全国に散在するコミューンを16類型に分類した。有機農法実践系、自然共存系、工芸系、スピリチュアル系、教会直属系、教会支援系、政治活動系、政治思想系、社会奉仕系、芸術志向系、代替教育系、集団結婚系、同性愛系、自己啓発系、放浪系、コミューン間連携系である。

　個々の類型の説明は省くが、要するに一口にコミューンと言っても、動機や方向性は多岐にわたるということである。しかし、共通点も幾つか見受けられる。自然とエコ・システムへの関心、反権力志向、反物質主義的志向、精神的充足、精神世界の探求（ドラッグに頼らない形で）、自足的生活の理想化などである。食事についても、厳格に菜食生活を実践するコミューンは4割で、肉が手に入れば食べるというコミューンも4割、残りの2割は肉を常食していた。ドラッグに関しては、コミューン生活者たちは概してマリファナ以外のドラッグには手を出さなかった。LSDやヘロインなどのより強いドラッグが都市部で流通していたが、彼らは興味を示さなかった。過去の都市生活時代にドラッグの負の面を見てきたのでこりごりだという理由も考えられるし、人里離れたところに住んでいたので入手しにくかったという理由も考えられる。結論として同記事は、コミューン生活者を社会からの脱落者と見るのは間違いで、彼らは新しいライフ・スタイルを模索する先駆者の役割を果たしているのだと好意的な見方をしている。

第4章 共同体的に生きる——コミューンという静かな革命　71

コミューンを可能にした外部的条件

　アメリカが産業国へと脱皮を図る過程で発生し、冷戦体制の1950年代には主流となった中流階級の子女たちが、アメリカの変化から取り残された自作農民の土地に移り住み、自作農民さながらの農業生活を行ったという構図は歴史の皮肉である。現代社会の物質的恩恵を享受しているヒッピーが、経済的に疎外されている農業従事者をある意味で理想化したわけである。しかし、いくら安価で人里離れた農地が手に入るからといっても、しかるべき動機がなければコミューンを始めようとは思わないはずだ。辺鄙な場所で経験したこともない農業をやりながら共同生活を始めたヒッピーたちは、社会的にはどのような存在だったのだろうか。

　研究者が共通して指摘するのは次のようなことである[6]。すなわち、1960年代のヒッピーたちはほとんどが白人の中・上流家庭の子どもで、ありとあらゆる商品に囲まれて育ち、経済的に苦労したことがなかった。しかし、成長するにつれて、豊かなはずのアメリカには、人種差別その他の理由で経済的恩恵を享受していない社会階層が存在することを学んだ。マイケル・ハリントン（Michael Harrington）の『もう一つのアメリカ』（*The Other America*）やジョン・ケネス・ガルブレイス（John Kenneth Galbraith）の『ゆたかな社会』（*The Affluent Society*）などの書物は、目から鱗だったはずである。豊かなはずのアメリカにおいて、経済格差が歴然と存在することを知った大学生たちは、優越感に浸るのではなく反対に、物質の所有に人生の価値観を合わせる中流階級的な生き方を忌み嫌う方向に走った。自らの出自である中流階級的生き方を反面教師にして、サンフランシスコなどの都市部でヒッピー文化圏を作った彼らの次なる段階として、都市という近代的・資本主義的な場所を離れ、コミューンに向かったのは理の当然と言えなくもない。

　コミューン・ヒッピーたちがいかに自給自足の理念をもっていたとしても、コミューンとて1つの経済活動であることには変わりない。外部経済と完全に断絶することはできなかった。彼らは金銭の工面に関してはどうしたのだろうか？　ある研究によると、土地の購入や賃貸はさほど問題ではなかったらしい。多くのコミューンには支援者がいて、無償で土地を使わせてもらえた。そ

うでない場合でも、たたき売り同然の休耕状態の農地を見つけることは難しくなかった。農業人口が激減するなか、農地を手放したり、休耕状態にせざるを得なかった農地所有者がまだ多く残っていた。彼らにとっては荒れ果てた農地にヒッピーたちが入植するのを断る理由はなかった。売却にせよ賃貸にせよ、若干の収入が入り、農耕地として使ってもらえるので土地のやせ細りを防ぐことを期待できたからだ[7]。

エコロジー意識の形成

　コミューン・ブームのもう1つの要因は、エコロジー意識の高まりだった。アメリカでは1960年代をつうじて、自然環境に脅威を与えた出来事が連続して起こった。たとえば、1969年にはカリフォルニア州のサンタバーバラからわずか10キロ離れた沖合で原油が流出する事故が起こった。流出は10日間にわたり、海岸までの原油が流れ着き、環境に大きな被害を与えた。

　ヴェトナム戦争は、エコロジーの視点からも批判された。戦地のヴェトナムでアメリカ軍はゲリラ戦を敢行したわけだが、空から砲撃し森林を焼き尽くす映像がテレビで流れた。反戦運動の若者たちは、アメリカの軍事行動はヴェトナムの人たちを殺すだけでなく、ヴェトナムの自然も破壊していると理解した。投下用に開発されたナパーム弾や枯葉剤の使用は、当時の主流メディアからも"ecological warfare"であるとか、"ecocide"(-cideという接尾辞は「殺す」を意味する) だと批判をされた。SFMTも、ナパーム弾の原料を製造するデュポン社を批判する芝居を上演した（第3章参照）。

　アメリカが国を挙げて推進した宇宙開発も、エコロジー意識の高まりに一役買った。1968年にアポロ8号が大気圏外から地球の全体写真を撮ったのだが、それまで人類は丸い地球の全体写真を見たことがなかった。アポロ8号の地球写真は、国同士で諍いをしていても、結局人類は1つの星の上で生きている運命共同体であることを教えた。アポロ8号の数年前に、建築家バックミンスター・フラー（Buckminster Fuller）は地球のことを「宇宙船地球号」(the spaceship earth) と呼んだが、まさに地球は一隻の船として宇宙に存在することをアポロ8号の写真は示した。

第4章 共同体的に生きる——コミューンという静かな革命　73

　それから、アメリカ人は書物からもエコロジーが喫緊の地球規模問題であることを学んだ。その先駆けは1962年に海洋学者のカーソンが書いた『沈黙の春』である。カーソンは、殺虫剤として使用されていたDDTという物質が生態系に致命的な影響を与えることを訴えて、使用中止を求めた。スタンフォード大学の生物学教授ポール・エーリック（Paul Ehrlich）が1968年に発表した『人口爆弾』（*The Population Bomb*）は、地球規模で進行する爆発的な人口増大に食糧供給が追いつかず、1970年代には数億人が餓死することになるだろうというショッキングな予想を示した。

　エコロジー意識の高まりが具体的行動となって現れた例として、超音速旅客機（supersonic transport）の問題があった。1950年代から音速を超えた速度で旅客機を飛ばす研究が行われており、政府は研究予算を与えていた。超音速飛行は技術的には可能とされていたが、経済的実行性において議論が続いていた。ところが1960年代に入ると、環境面から反対意見が出されるようになった。反対の理由は、音速を超えた速度で飛行すると、地上に届く騒音がひどいだけでなく、オゾン層を破壊する危険性があるからだった。反対活動が実り、1971年に超音速旅客機関連の連邦政府予算は廃止された。

　政府はエコロジー意識の高まりに反応して、矢継ぎ早に関連法案を通し、委員会を設置した。1969年、ニクソン政権は全米環境政策法（National Environmental Policy Act）を議会で可決し、環境基準委員会（Council on Environmental Quality）を設置した。翌年には、環境基準改善法（Environmental Quality Improvement Act）を可決し、環境保護庁（Environmental Protection Agency）という公的機関を立ち上げ、環境保護は連邦政府の責任であることを明確に示した。カーソンが『沈黙の春』で危険性を訴えたDDTが使用禁止されたのもこの時期だった。

　エコロジーがアメリカ国民に広く知られるようになったきっかけは、1970年に始まったアース・デイ（Earth Day）である。毎年4月22日の恒例行事として現在まで続いているこのイベントは、ウィスコンシン州選出の上院議員ゲイロード・ネルソン（Gaylord Nelson）による呼びかけで始まった。ネルソン議員は、スタンフォード大学の大学院生デニス・ヘイズ（Denis Hayes）に

協力を求め、全国規模の地球環境保護キャンペーンを張った。各地で一般向け、特に中高校生向けのワークショップを企画して、地球環境保護の大切さを訴えた。ネルソンとヘイズの呼びかけに共鳴し、イベント運営に携わったのは、主として「経験」のある大学生だった。教育的なイベントを企画・運営するノウハウを、反戦デモやティーチ・インあるいはカウンターカルチャー系のイベントで会得していたので、その経験をアース・デイのワークショップなどで発揮した。

　以上のような国民的なエコロジー意識の高まりに加えて、コミューンに向かったヒッピーたちにとって特別の意味を持ったのが、ネイティヴ・アメリカンへの憧憬だった。彼らのイメージでは、ネイティヴ・アメリカンは所有欲を持たず、仲間同士の争いをせず、自然と共存して生きる種族だった。高度に制御されたアメリカ文明社会にためらいを感じていたヒッピーたちには、ネイティヴ・アメリカンの生活は理想的に見えた。コミューン・ヒッピーたちのネイティヴ・アメリカン崇拝を後押ししたのは、1968年にカルロス・カスタネダ（Carlos Castaneda）が書いた『ドン・ファンの教え』（The Teachings of Don Juan）という本である。カリフォルニア大学ロスアンジェルス校の博士課程で人類学を専攻していたカスタネダは、アリゾナ州に住むヤキ族の酋長に会いに行き、受けた教えを本にまとめた。カスタネダの本には超常現象的な記述があるだけでなく、研究者たちからは学術的厳密性についても批判がなされ、内容の真偽性には問題があったが、ヒッピーたちにとっては学術的な厳密さはさして重要ではなかった。彼らには、カスタネダが記した酋長のような文明に頼らずに生きていく姿が模範的ライス・スタイルと映った。

ブランド『ホール・アース・カタログ』

　ヒッピーたちのコミューン建設を直接に助けたのが、1968年に創刊された『ホール・アース・カタログ』（The Whole Earth Catalog 以下 WEC）という季刊誌だった。WEC は、読み物を中心とした通常の雑誌ではなく、商品カタログのような雑誌だった。有益な知識（書物、雑誌など）と役立つツール（さまざまな製品）へのアクセスを謳い、各商品の使用感と入手方法を詳細に記し

た。読者は気に入った商品を見つけたら、電話や郵便で製造元や販売店に注文することができた。創刊当初の WEC は、ネイティヴ・アメリカンが住居としたティピーの組み立てセットや、モカシンと呼ばれるネイティヴ・アメリカンの靴、そして農作業関連の機械工具や技術本などを多く掲載した。コミューン入植者たちは、この雑誌でコミューン生活の基本知識や必要物資を調達した。

　WEC を発行したのはステュアート・ブランドだった。LSD 関連のイベント（第 2 章参照）やパーソナル・コンピューターの可能性を早い段階から予見する（第 8 章参照）など、カウンターカルチャーの中心的人物の 1 人だった。ブランドは、WEC の意図について、コミューン生活で苦労している友人を見て、有益な知識と道具が手に入るような雑誌の構想を思いついたと語っている。ブランド自身も、刷り上がった WEC をミニバンに積んで、コミューンからコミューンへと巡回営業したという。WEC はコミューンのための専門誌ではなかったが、創刊当初の最大の関心事がコミューン生活を支援することだったのは間違いない。ブランドが WEC をつうじて行ったコミューン支援は、単なるアイデア・理想を提供したというよりは、実現可能な非主流的ライフ・スタイルの提案だった。生まれ育った環境とは 180 度違うコミューン生活に戸惑うのは当然だが、具体的な知識と物で困難を乗り切れるはずだというメッセージだった。

　しかし、WEC を活用してコミューン生活を乗り切ることは、コミューン・ヒッピーの多くが信条的に躊躇してしまうことだったかもしれない。なぜなら、彼らは商品に溢れたアメリカ社会に多かれ少なかれ辟易していたことからコミューンを始めたにもかかわらず、コミューンを維持するために WEC を買って、農耕機具などの商品を注文することは矛盾だと受け取れるからである。コミューンに必要な物を郵便や電話で注文して、商品が届けられるまでの過程は、現代文明そのものであり、彼らがコミューン生活をすることで遠ざかったはずの現代文明が、コミューンにまであとを追いかけてくることを自覚せざるを得なかった。

コミューンの難しさ

　先に紹介した2つのコミューンの例からも分かるように、コミューンを維持するのは簡単ではなかった。『ライフ』誌が取材したオレゴン州のコミューンは取材時点で14カ月を経過していて、これだけ続けば成功の部類に入るだろう。ほとんどのコミューンは1年未満の短命で終わったからである。『ランパーツ』誌が記事にしたペンシルヴァニア州のコミューンは、わずか3カ月で解散の憂き目を見た。コミューン生活では具体的に何が大変だったのだろうか。

　はじめに、意思決定プロセスの問題があった。コミューン・ヒッピーたちは意思決定の方法や最終決定権者を特に定めずに、ケース・バイ・ケースで決めるなどの方法をとる傾向があった。戦後のアメリカでは権力が一部に集中してしまったために、社会が疲弊してしまったという彼らの分析が根底にあったからである。しかし、いくら気心の知れた仲間とコミューンを始めたといっても、集団であるかぎりは意思決定の必要が出てくる。リーダーは存在せず、全員の意見が尊重されるというのは理念として正しいかもしれないが、現実的には誰かが意思決定権を持ち決断を下さなければ集団は立ちゆかなくなる。ヒッピーたちはコミューンに水平的人間関係を求めたのが、意思決定プロセスが曖昧な集団では、けっきょくは集団運営が機能しなくなり、それが人間関係に不和を生みだした。

　ピラミッド型の上意下達の組織を非人間的で抑圧的だとして嫌悪する傾向はカウンターカルチャー全体の特徴だった。いや、1960年代全体にわたって大学生世代に共通した特徴と言ってよいだろう。ニュー・レフトを代表する団体だったSDSも参加型民主主義（participatory democracy）をスローガンにして、国の政治体制の変革を訴えた。SDSが垂直的な組織形態に批判的だったのには歴史的な理由もあった。SDSの母体となったSLID（Student League for Industrial Democracy）とその上部組織のLID（League for Industrial Democracy）という1930年代結成の左翼団体や、戦前に活動した他の古参左翼団体は、1950年代には事実上消滅した。戦後になって従来の左翼運動が消滅した主な理由には、未曾有の経済繁栄の恩恵が左翼運動の担い手だった労

働者階級にまで行き渡ったため、賃上げ交渉や労働状況改善などといった伝統的な左翼運動の必要性が薄れてしまったことがある。この外的理由の他にも、1960年代のSDSのリーダーたちは、旧左翼政治団体にみられた組織的硬直性を批判したのである。LID、SLIDを含む旧左翼政治団体（総称としてオールド・レフトとよばれる）は、マルクスやレーニンの教義を浸透させることにとらわれすぎて、組織員や支援者の要求や提案を汲み取れなかったのである。

　1960年代のSDSを中心とするニュー・レフト活動家たちは、支持層はもはや労働者階級ではなく、中流・上流階級の20代の若者だということを見抜いていた。核家族で最大限の自由を保障され、リベラルな教育を受けて育った戦後の子どもたちは、したがって、マルクスやレーニンの教義にすがらなくても、自分たちの問題は自分たちで解決できるという自信を持っていた。ニュー・レフトやカウンターカルチャーは、この意味において、アメリカ戦後の繁栄の1つの帰結といってもよく、自分たちの力でアメリカをより良くできるはずだという信念が出発点としてあった。

　コミューン・ヒッピーたちも、組織のあり方や意思決定の方法に対しては、SDSと似たような考えを持っていた。ましてや、コミューンは20人、30人の小集団である。上意下達のコミュニケーションではなく、構成員全員の意見を反映させるコミューンという小社会を建設できないはずがないという自信を持っていた。ところが、言うは易く行うは難しで、多くの場合、組織としての意思決定責任者を決めないことは、コミューンの安定的発展を阻害した。

　2つ目は農業に関する問題である。多くのコミューンは自給自足を目指したので、農業に関する技術や知識は必須だった。彼らの多くはWECをつうじて買った技術本や農耕機具で、慣れない農業を始めた。郊外の一軒家で、農業はおろか肉体労働を経験することなく育ったヒッピーたちにとって、農業は楽な仕事ではなかった。当時のアメリカ農業は機械化が進んでいたが、それは大規模農業にあてはまる話で、コミューンのような小規模農業では機械の導入は非現実的だった。したがって、コミューンの農業は一にも二にも手作業による肉体労働だった。そこに栽培の知識と技術が要求された。天候という制御不可能な自然を相手に、種まきや雑草駆除、収穫をすべてやらなければいけなかった。

さらに事態を難しくさせたのは、いくつかのコミューンは有機農法にこだわったことだった。1970年代に入ると、反戦運動の衰退と入れ替わるように、エコロジーが大学生世代の大きな関心事となった。地球の生態系を守ろうという大義は、個人の肉体・健康への関心に直結し、食品の安全性にも関心を持つようになった。カーソンの『沈黙の春』に端を発した農薬への警戒心、化学肥料に対しても長期的には土地を痩せさせて自然環境に悪影響を与えることへの憂慮、そして農薬や化学肥料で栽培された野菜を食べることによる健康被害への不安が重なった。結果として、有機農法・無農薬栽培は「思想として」受け入れられた。バークリーには1971年8月、有機栽培の野菜を食材に使ったシェ・パニース（Chez Panisse）というレストランが開店し、有機食材レストランのさきがけとなった。

　いくつかのコミューンは、このエコロジー思想の流れに乗って、有機農法に挑戦した。しかし、有機農法・無農薬と簡単に言うが、それを実行するのは技術的には至難の業である。先に紹介したペンシルヴァニア州のコミューンが有機農法に挑戦したことで一部の地元農家から評価されたというのは、専業農家でも難しいことを、未経験のヒッピー・コミューンがやろうとして意気込みに対してであった。さらに、有機農法・無農薬は単位面積あたりの収穫量が落ちるので、コストが高くついた。害虫や雑草の駆除を除草剤、殺虫剤なしで行うことなど、ヒッピーの素人農業では不可能に近かった。

　大所帯生活への適応もコミューン成員にとって大きな課題だった。ヒッピーたちのほとんどは核家族で個室を与えられて育ったので、コミューンのような大勢で暮らす生活は初めての経験だった。気の合う仲間とのコミューン生活だといっても、人間の数が増えればそれだけ人間関係が複雑になる。人間関係の技能は、本を読んで得られるようなものではない。経験が必要である。コミューンでは、朝から晩まで同じ人間と顔をつきあわす。彼らが育った一軒家では当たり前だった個室など望むべくもなかった。当然、ストレスを溜める者が出てくる。プライバシー空間のない大所帯生活は、ヒッピーたちの育った核家族的環境とは勝手が違った。

　そして、収入確保の問題があった。コミューン生活者は、自分の本意でない

仕事をしてまで金を稼ぐ気持ちはなかったので、おのずと収入の手段は限られた。教師や専門技術・知識を持つ者は、コミューンから通勤するような形で街に行き、収入を得ることができたが、それとて集団の全員を養えるほどの額にはならないことが多かった。都合が悪いことに、彼らは必要以上に金を稼ぐことを潔しとしなかったので、貯金という観念がほとんどなかった。農作物とて貯蔵できるほどの生産力はなかった。要するに、その日暮らしの不安定な生活だった。

それから、地元住民の理解が得られないこともよくあった。コミューンを建設するのは例外なく農村地帯だったので、地元住民にとってヒッピーは侵入者も同然だった。『ランパーツ』誌のコミューンのように、地元住民との軋轢の結果、市当局から撤退を求められた例もたくさんあった。この問題には偏見も関係していた。都市部ならいざしらず、農村地帯に住むアメリカ人にとって長髪に染め抜きのTシャツを着たヒッピーは異星人同様だった。映画『イージー・ライダー』（第6章参照）で、主人公の2人が最後に射撃されたのも、彼らの身なりが地元住人の反感を買ったことが発端だったように、テレビや雑誌でのみ見たことのあるヒッピーが現実に自分の町に住み始めると、住民は当然いい顔はしなかった。身なりからはじまり、生活習慣、原始的共同生活と、地元住民が反感を持つ理由はいくらでもあった。

例外的に長続きしたコミューン

以上のような理由で、コミューン・ブームは1970年代が進むにつれて萎んでいった。1975年に『季刊コエボリューション』（*CoEvolution Quarterly*）（WECの姉妹版）が、「コミューンはどこに行ったのか」という記事を掲載した[8]。そこには、例外的に成功したコミューンが幾つか紹介された。その代表はザ・ファーム（The Farm）である。サンフランシスコ州立大学で民俗学を教えていたステファン・ガスキン（Stephen Gaskin）は、学生にたいへん人気のある教師だった。1969年、ガスキンは約300人の学生とともにバスやバン50台に分乗して東部に向かった。途中、各地を転々とした後たどり着いた先は、テネシー州の小さな町だった。ガスキンはここにコミューン、ザ・ファー

ムを建設した。1971年のことだった。

　ザ・ファームのメンバーはほとんどが白人で教育水準も高かった。彼らは菜食主義を実践した。野菜、果物、大豆などを作り、食糧の90％は自給したとされている。農業に関しては現実路線をとった。彼らは化学肥料を使用することを躊躇しなかった。殺虫剤もあまり毒性の強くないものなら使った。蒸し暑く、土地も痩せていて、害虫がわきやすいテネシーの気候条件では、除虫剤などの化学薬品を全く使わないのは非現実的だというガスキンの判断があった。レストラン一軒分で使用する野菜の量ならいざ知らず、数百人単位で食材を必要とするザ・ファームでは、量の安定的確保が優先された。

　最盛期の1975年ごろには、年間約15,000人の見物客がザ・ファームを訪れたというから、これはもう立派な観光スポットであった。菜食では筋力が衰えるのではないかと訝る訪問者には、メンバーと腕相撲をさせてその懸念を払拭させるというお茶目な面もあった。ザ・ファームのメンバーは1,700人に膨れあがった。ガスキンが世界の飢餓問題解決に貢献すべく、非営利団体を作ったのもこの頃である。また、ガスキンの教えを受けた弟子のような者たちがテネシーを離れて、他州で暖簾分けのような形で新しくコミューンを建設した。

アメリカ史におけるコミューン運動

　ザ・ファームのような例外は別にして、ほとんどは短期間で解散・消滅した事実をもって、コミューンの歴史的意義を軽視することは適当ではない。実際、当時の論者やその後の研究者は、ヒッピー・コミューンを、ヘイト・アッシュベリーのような都市部のヒッピー文化の衰退により発生した落ち武者のような扱いをする場合が多い。しかし、コミューンはカウンターカルチャーの衰退を示す現象だと考えるのは適当ではない。

　コミューンはカウンターカルチャー期に初めて出現したわけではなかった。その定義にもよるが、小集団で作る理想主義的なコミュニティだと広義に解すれば、これまでのアメリカ史には幾度となくコミューンが出現した。18世紀のアーミッシュ（Amish）、シェイカーズ（Shakers）、ハーモニスト（Harmonists）、19世紀のモルモン（Mormon）などの宗教的コミューンだけ

でなく、世俗的なコミューンもぞくぞくと生まれては消えてきたのがアメリカという国である。19世紀初頭のロバート・オウエン（Robert Owen）によるニュー・ハーモニー（New Harmony）、ジョージ・リプリー（George Ripley）のブルック・ファーム（Brook Farm）、ジョン・ハンフリー・ノイズ（John Humphrey Noyes）のオナイダ・コミュニティ（Oneida Community）、フランスのチャールズ・フーリエ（Charles Fourier）に影響を受けたフーリエリスト（Fourierists）、小説家エドワード・ベラミー（Edward Bellamy）の社会主義思想に基づいたコミュニティ、20世紀になると、小説家アプトン・シンクレア（Upton Sinclair）が、短期間ではあるがコミューンを始めた。これらは、ほんの一部である。アメリカ史を紐解けば、このようなコミューンが多数登場する。

　これらのコミューンについて個々に説明することは省くが、共通しているのは、資本主義や産業の発展が人間性の喪失に繋がったと考えて、それを回復するための試みがそれぞれのコミューンなりコミュニティの建設だったということである。この発想は第二次世界大戦後のコミューンにも引き継がれた。カウンターカルチャーが形を見せ始める1960年代後半以前では、1963年にワシントン州で始まったトルストイ・ファーム（Tolstoy Farm）があった。ロシアの文豪トルストイやインドの平和運動家ガンディーの影響を受けたコミューンだったが、あらゆる規則を否定したので、ドラッグにもフリー・セックスにも寛容だった。1965年にはコロラド州でドロップ・シティ（Drop City）という若い芸術家集団のコミューンが始まった。カンザス大学とコロラド大学の芸術専攻の学生たちが土地を共同購入して、創作に集中するためのコミューンを作った。彼らは当時のアートの最先端だったハプニングズ（注：芸術をあらかじめ作られたものと考えるのではなく、偶発性を呼び込むような芸術形式。カウンターカルチャー最盛期には、この語はヒッピー・イベント全般に用いられた）の実践者で、最盛期の1967年には全国メディアにも取り上げられた。そして、カウンターカルチャーとコミューンが融合したのは、本章の最初で述べたように、ゴットリーブがサンフランシスコ郊外にモーニング・スターを作った1966年であるとされている。

カウンターカルチャー期のコミューンを特徴付けるのは、やはりカウンターカルチャー全体の特徴である人間性の回復が主な動機だったと言える。第二次世界大戦後のアメリカを象徴する大量生産・大量消費のライフ・スタイルのもとで生まれ育った子どもたちは、物質的には不自由なく暮らしたが、そのことでかえって自分の人生までもが規格化されてしまったかのような気分を味わうこととなった。つまり、自分の人生が他人任せ、国任せになっているという疎外感である。この点で、コミューン生活は彼らの人生に対する欠如感を回復するには最適だった。シンプルな生き方を模索したコミューンは、大量生産・消費のサイクルからの脱却であり、生きているという感覚を味わえたに違いない。

まとめ

その生活スタイルは奇異に映るかもしれないが、1967年ごろから増えたコミューン・ヒッピーは、基本的な部分ではカウンターカルチャーの基本路線を継承していた。それは大量消費社会、効率優先主義に対する対抗だった。1970年代を前にして、カウンターカルチャーは音楽や薬物にたよる変革から、もっと根本的な部分で自分の生を見つめ直す方向へと方向転換した。コミューンはその代表的な運動だった。コミューン・ヒッピーたちが挑戦した新しいライフ・スタイルは、物質欲に毒されたアメリカ中流階級的価値観の批判となり得たし、エコロジー思想の1つの実践でもあった。

ほとんどのコミューンは1年未満の短命で終わったことを理由に、コミューンは現実からの退避だとか挫折、失敗などと評価するのは適当ではない。なぜなら、対抗文化的な要素は、形を変えて次の時代に受け継がれていくからである。ちょうど、コミューン・ブームと接続するように、1970年代はニューエイジ（New Age）とよばれる対抗文化が形成されたことを想起すれば十分だろう。

注
1) "Summer Days in Psychedelia," *Saturday Review* (August 19, 1967), 36.
2) *Time* (July 7, 1967), 22.

3) "The Commune Comes to America," *Life* (July 18, 1969), 16B-21.
4) "Communing in Meadville," *Ramparts* (November 30, 1968), 10.
5) Herbert A. Otto, "Communes: The Alternative Life-Style," *Saturday Review* (April 24, 1971), 16-21.
6) コミューンに直接言及したものとしては、Timothy Miller, "The Sixties-Era Communes," in *Imagine Nation: The American Counterculture of the 1960s and '70s*, eds. Peter Braunstein and Michael William Doyle (New York: Routledge, 2002), 327-352.
7) Ibid., 342.
8) Bill Wheeler, "Where Did All the Communes Go?" *The CoEvolution Quarterly* (Winter 1975), 74-79.

第5章

禅、ヘッセ、ヨガ
――東洋をとおしてアメリカを見たヒッピーたち

　ロックやLSDといった快楽志向的なツールで独自の文化圏を築いたヒッピーたちは、それらとは対極にあるような事にも関心を示した。それは東洋文化ということで一括りにできる。すなわち、禅、仏教、瞑想、俳句、ヒンズー教、ヨガなどのことである。これらは、静的、抑制的な特徴を持つ。ヘイト・アッシュベリーのサイケデリック・ショップでは東洋関連書物やグッズがよく売れた。WECも東洋に関連する本や商品を毎号紹介した。この現象は、単純に言えば、アメリカの中流階級の若者が東洋の文化を消費した（あるいは学んだ）ということなのだが、東洋の文化を消費する（あるいは学ぶ）とは、ヒッピーたちにとってはどういう意味を持ったのだろうか。このことを考えるのが本章の目的である。

　ヒッピーたちの東洋に対する関心は文化的な領域にとどまらず、中国の指導者だった毛沢東を偶像化するまでにいたった。ホフマンなどのYIP（第3章参照）に代表される過激派は多かれ少なかれ、毛沢東などの革命思想の影響を受けていた。これは奇妙なことである。個人の変革を目指して平和や全体性を大切にしたヒッピーたちが、どうして体制打倒を図る革命家の毛沢東を英雄視したのだろうか。平和と革命は相容れない概念である。本章はこの矛盾の解明にも取り組む。

ビート・ジェネレーション

　1950年代半ばのビート・ジェネレーションと呼ばれた作家たちは、程度の差こそあれ、東洋思想への関心を彼らの作品で表明していた。ビート・ジェネ

第5章　禅、ヘッセ、ヨガ——東洋をとおしてアメリカを見たヒッピーたち　85

レーションの代表的詩人であり、カウンターカルチャーにも多大な貢献をしたギンズバーグは1955年頃の作品から、仏教やヒンズー教に関する単語を使うようになった。「スートラ」「サトリ」「グル」「マンダラ」「ブッダ」「カルマ」「マハリシ」（アメリカでヨガを広めたインド人）などの語が頻繁に使われた。それから、1957年に発表された自伝的小説『オン・ザ・ロード』で一躍時の人となったジャック・ケルアックは、俳句形式のポエムを多数書き、俳句詩だけを収めた詩集も出版した。

　ギンズバーグやケルアック以上に東洋に強い関心を持ったのが、ゲイリー・スナイダーだった。彼は日本で禅の修行をし、正式に修行僧としての位を得た。日本国籍を得たわけではないが、日本では自分の姓を「砂井田」と表記していた。禅修行のかたわら、宮沢賢治を英訳し、中国の風景画に触発されて"Mountain and Rivers Without End"という長編詩も書いた。

　オレゴン州で生まれ育ったスナイダーは、同州のリード・カレッジ（Reed College）で人類学と文学を学んだ。仏教や禅を知ったのは、卒業後だったらしい。人類学をさらに勉強するためにインディアナ大学大学院に進んだが半年で退学し、ベイエリアに移った。禅への興味が高まっていたスナイダーは、1953年にカリフォルニア大学バークリー校大学院のアジア言語文化専攻科に進んだ。そこで新たに水墨画や中国の唐時代の詩などに関心を持つようになった。また、夏期休暇にはヘンリー・ソローのような山小屋生活を送っていた。

　スナイダーは1955年に禅の修行のために初めて京都に行った。この修行は1年の期限付きだったが、さらに禅をマスターすべく、彼は1959年に2度目の京都行きを決断した。そして大徳寺で、外国人として初の弟子入りを果たした。1960年代は、カリフォルニアと日本や他の国とを往復する生活を続けていたスナイダーは、1967年1月にゴールデン・ゲート・パークで行われた大規模集会ヒューマン・ビー・インでは、ギンズバーグやマイケル・マクルーア（Michael McClure）たちとともにサンスクリット語で念仏を唱えるパフォーマンスを行った[1]。

　カウンターカルチャー史に登場する主要人物の中で、スナイダーほど真剣に禅修行に取り組んだ人は他にいない。彼が禅に見いだした魅力は、禅の教義

が自然と人間との調和を基本に据えている点にあった。スナイダーが自然との調和に関心を持ったきっかけは、リード・カレッジ時代に人類学の授業でネイティヴ・アメリカンの文化を勉強したことだった。ネイティヴ・アメリカンの生活は、自然を犠牲にした文明の追求ではなく、自然との調和を第一にしているとスナイダーは考えた。いつしか東洋にも関心を持つようになったスナイダーは、ネイティヴ・アメリカンに見た自然との調和を、東洋にも発見した。

東洋文化にたいする知識や関心の程度に関して、スナイダーのように正式な弟子として禅を勉強したのは例外で、ほとんどのヒッピーたちは聞きかじり程度であった。しかし、それはさしたる問題ではない。ヒッピーたちが示した東アジアへの関心は、アメリカ的なるものを批判するためのイメージ、記号として機能した。たとえば、ヒューマン・ビー・インで、大勢の聴衆を前にしてギンズバーグやスナイダーが座禅を組んでサンスクリットのマントラを唱えたことは、本来の仏教的なメッセージが共感をよんだのではなく、それが非西洋言語でありキリスト教以外の教義に基づく経文であることから、反体制的なニュアンスを持つ記号として、あるいはアメリカの社会的苦悩を解決する糸口を与えてくれるかもしれない希望のシンボルとして、ヒッピーたちの心の中で響いたのである。

ビートルズとインド

ポピュラー・ミュージックでは、ビートルズがインド音楽の要素を早くから取り入れた。1964年にアメリカ・デビューを果たしたビートルズは、1965年のアルバム *Rubber Soul*、1966年のアルバム *Revolver*、1967年のアルバム *Sgt. Pepper's Lonely Hearts Club Band* と、3作連続でインドの民族弦楽器シタール（ギターに似た形状の弦楽器）を使用した。シタールの音色は西洋のギターやバンジョーとは、はっきりとした違いがあるので、初心者でもレコードを聴けば容易にその音色を聞き分けることができる。

デビュー当時のビートルズはアイドル的な要素の強いバンドだった。初期のヒット曲は、ロックンロールの様式を踏んで、単純なコード進行とリズムを強調した曲が多かった。歌詞も少年少女の無垢な心を代弁するような青春調が中

第5章 禅、ヘッセ、ヨガ——東洋をとおしてアメリカを見たヒッピーたち

心だった。ところが徐々にビートルズはシンプルで純粋無垢なロックンロールから、音楽的に複雑で思索的な歌詞を持つ音楽へと進化させた。その過程で使い始めたのがシタールだった。

ギタリストだったジョージ・ハリソン（George Harrison）にシタールを指導したのは、インド出身のラヴィ・シャンカー（Ravi Shankar）だった。シャンカーは1950年代にアメリカに渡り、音楽活動をしていた。シャンカーは1967年のモントレー・ポップ・フェスティバル（第1章参照）で演奏したほどであるから、ヒッピーたちの間ではよく知られた存在だった。シタールを演奏したのはビートルズだけではなかった。すぐにローリング・ストーンズなど他のロックバンドもシタールを使うようになり、シタールの音色はサイケデリック音楽の代名詞とまでなった。

ビートルズの4人がインドから受けた影響は音楽面だけにとどまらなかった。彼らはマハリシ・マヘーシュ・ヨギ（Maharishi Mahesh Yogi）というインド人の教えによる瞑想法にも関心をもった。シャンカーと同じく、ヨギもインドで生まれ育ち、瞑想法をマスターしたあと、1959年にアメリカにやってきて、一般にTM（Transcendental Meditation）とよばれる瞑想法教室をアメリカ各地に作った。ビートルズはたちまちにヨギの教えに魅せられ、より深いレベルの教えを請うために、インドまで出かけたほどだった。

ヨギのTMに魅せられた有名人には他にも大勢いた。イギリス出身のフォーク・シンガーで、ヒッピーたちにも知られていたドノヴァン、サーフィン・ミュージックとよばれたサウンドを作ったビーチ・ボーイズのメンバー、マイク・ラヴ（Mike Love）、女優のミア・ファロウ（Mia Fallow）などである。カウンターカルチャー全盛の1967年ごろには、ヨギ自身も有名人扱いをされるようになり、『タイム』『ニューズウィーク』『エスクワイヤ』などの雑誌の表紙を飾った。

もう1つの大きなインド文化の影響は、ハレ・クリシュナ（Hare Krishna）という宗教団体である。正式名称を International Society for Krishna Consciousness といい、1966年ニューヨークに設立された。街頭で「ハレ・クリシュナ」という念仏を繰り返し唱えるパフォーマンスで知られた。アメリカ

各地に寺院を作り、ヨガや菜食主義を薦めた。アップル設立者のスティーブ・ジョブズも、オレゴン州ポートランド郊外のリード・カレッジの近くにあったハレ・クリシュナ寺院へ、施しの食事をもらいに出かけていたという。

　ビートルズのような大人気バンドがインドの民族楽器や瞑想に傾倒したことは、カウンターカルチャーの方向性に大きな影響を与えた。アメリカの主流的価値観に対して、文化的な対抗を試みたカウンターカルチャーは、快感重視のロック音楽、心の内面を探るツールとしてのドラッグ、フリー活動など、その対抗軸をいくつか持った。これらに加えて、ヒッピーたちは東洋文化も対抗軸としたのである。ポピュラー音楽界を席巻したビートルズが、自らの音楽や私生活に東洋的な要素を取り入れたという事実は、ヒッピーたちの東洋文化受容の扉を開けたと言える。

ヘルマン・ヘッセ

　ヒッピーたちが東洋の文化や宗教に関心を寄せたのはなぜなのか。この答えを探すための手がかりをヘルマン・ヘッセの小説に求めることができる。おそらく、ヘッセはヒッピーたちに最も読まれた小説家である。ヒッピーたちが好んで読んだ作品から、カウンターカルチャーと東洋の親和性を探ってみたい。

　ヘッセはドイツ出身の小説家で、生涯をヨーロッパで過ごしたため、彼自身はアメリカとは縁はなかった。1946 年のノーベル文学賞受賞者であるにもかかわらず、アメリカにおいては無名に近い作家だった。このことはヘッセが死去する 1962 年になっても変わらず、実際に『ニューヨーク・タイムズ』の追悼記事はヘッセについて、アメリカではほとんど知られていない作家と紹介している。

　ヘッセの人気は、死後にわかに高まった。ヘッセの魅力を発見したのはカウンターカルチャー世代だった。とりわけ、中流階級的価値観を痛烈に批判した『ステッペンウルフ』（*Steppenwolf*）、東洋をテーマにした『東方巡礼』（*Journey to the East*）や『シッダールタ』（*Siddhartha*）などの作品は、ヒッピーたちの必読書といってもよいくらい真剣に読まれた。

　SF 作家のカート・ヴォネガット（Kurt Vonnegut）が 1970 年に書いたエッ

第5章 禅、ヘッセ、ヨガ——東洋をとおしてアメリカを見たヒッピーたち 89

セイによれば、ヘッセの『シッダールタ』は、1957年以降アメリカで100万部売れ、その4分の1は1969年の1年で売れた。『ステッペンウルフ』の場合は、1969年に大手出版社がペーパーバック版を発売し、最初の1カ月で36万部が売れた。キージーやリアリーもヘッセを読むことを仲間に勧めたという。ヘッセの影響は音楽にまで及び、映画『イージー・ライダー』(第6章参照)の主題歌を歌ったバンド名はそのものずばり、ステッペンウルフだった。

『ステッペンウルフ』の主人公ハリー・ハラーは、第一次世界大戦後のドイツのとある街で禁欲的な生活をしている。経済的に困窮しているのではなく、現代文明に背を向けているのである。とりわけ、中流階級への嫌悪感は激しく、作中で何度も中流階級に対する批判を展開している。中流階級の連中は物欲に凝り固まっていて、人生の本当のたのしみを追求しようとしない、とハラーは言う。厭世観に取り憑かれているハリーは、中流階級が堕落した原因を西洋の個人主義に帰する。個人の幸せを追求する姿勢が物質的満足を得ることに置き換わってしまい、その結果、社会全体の幸福を考えない利己的な個人が増えてしまい、そういう人間が社会の主流を占めているのが現代だというのがハラーの社会分析である。

『ステッペンウルフ』の時代設定は1920年代のドイツだが、ハラーのような考え方は1960年代のアメリカを生きるヒッピーたちの考えと合致した。戦後の繁栄を謳歌するアメリカでも、物質的満足に流されるような生き方が主流になっていると、ヒッピーたちは考えていたからである。ヒッピーたちは、ハラーの中に自らの分身を見つけたかのような興奮をもって、この小説を読んだ。

一方、『シッダールタ』は悟りを目指す男の物語である。主人公の名前は題名になっているシッダールタで、これは仏教の始祖とされるゴーダマ・シッダールタのことである。主人公は煩悩を取り払うために厳しい修行を続ける。ヘッセはおそらくゴーダマ・シッダールタの伝記を書こうとしたのだと思われる。そのため、『シッダールタ』には直接的な西洋批判は現れないが、1960年代のヒッピーたちがこの小説を読めば、ヘッセの反西洋・親東洋の姿勢を読み取ることは必至である。ヘッセが東洋宗教を扱うときは、決まって西洋的個人

主義の批判として用いる。ヘッセの目には、ヒンズー教や仏教を信仰する人たちは個人の満足より社会全体の平和を優先させていると映った。個人主義を消し去ろうとするのが東洋宗教の本質だと、ヘッセは理解した。そのおかげで東洋の人たちは、他人や社会との調和を第一に、おだやかな人生を営んでいるのだと。

　東洋宗教を理想化しすぎたきらいのあるヘッセの小説は、物質的に満たされた経済先進国に暮らすヒッピーたちが抱いた、前近代的な社会に憧れる「ないものねだり」であるように思える。東洋をまるでユートピアであるかのような理解をしているわけで、彼らが表面的な知識しか持っていなかったという批判は免れないだろう。ヴォネガットも、「ノスタルジア」という言葉でヒッピーたちのヘッセ礼賛の理由を説明している。ヴォネガットいわく、ヒッピーたちはヘッセの作品が醸し出すノスタルジアに感動しているのだと[2]。

　しかし、ヒッピーたちのノスタルジアは、私たちが通常用いる意味でのノスタルジアとは少し違っている。通常の用法では、ノスタルジアとは現実から逃れるための心理的メカニズムをさすが、カウンターカルチャーの文脈にそのような消極的なニュアンスは必ずしも当てはまらない。ヒッピーたちは仏教やヒンズー教そのものに関心があったわけではなかった。ヘッセの小説を読んで、仏教に帰依するような者はほぼ皆無だった。彼らは、東洋的なるものをアメリカに対置させることで、アメリカの現実を別の角度から見たのだった。東洋宗教はアメリカの負の面をあぶり出す役割を果たしたのである。

　ヒッピーたちにとって東洋宗教のもっとも大きな魅力は、自我を解放することは社会全体の善につながるという教えだった。自然と一体になれるとか、自我から解脱できるという「効能」を期待した者も多かった。心の解放という部分では、東洋宗教への関心は、彼らがLSDに求めたものと重なっていたと言える。もちろん、小説を読んだだけで、人生が変わったり、世の中が良くなったりするわけではないが、ヒッピーたちにとって、ヘッセの小説はまるで慧眼の士のような存在であった。具体的な方策はもっていなかったにせよ、彼らはヘッセをつうじて知った東洋宗教に、西洋文明の弊害と考えられた社会の断片化現象や人間の疎外を乗り越える鍵を見いだしたような感覚を抱いた。

第5章 禅、ヘッセ、ヨガ——東洋をとおしてアメリカを見たヒッピーたち

戦後アメリカとアジア文化とカウンターカルチャー

　ヒッピーたちが東洋文化に関心を寄せるようになった一因は、アメリカの高等教育が大衆化したことにある。その始まりは、第二次世界大戦中の1944年に議会を通過したG. I. ビルという法律だった。正式名称 Servicemen's Readjustment Act が示すとおり、兵役を終えたアメリカ人の社会復帰を支援する目的で、高等教育・職業訓練機関の授業料免除、低金利ローン、失業保険の給付などを行った。帰還兵士たちの多くが同法を利用して大学に入学した結果、1947年の大学在籍者のうち約半数が、G. I. ビルを通じた帰還兵で占められた。

　G. I. ビルは1957年に廃止された。しかし、1960年代に入ると、ベビーブーマーが大学に入学する年齢に達するようになった。繁栄の1950年代、1960年代をつうじて、多くの親は子息を大学に行かせるには十分な収入を得ることができたので、大学入学者は増える一方だった。1965年には高校卒業者の約半分が大学に進学するまでになり、同年の大学入学者総数は10年前（1955年）の2倍を超えた。

　G. I. ビルと戦後の経済繁栄は、大学大衆化の扉を開いた。戦前では、大学といえば裕福な家庭の子息か学業に秀でた者だけが入学できる特権的な場所だったが、帰還兵士が大学教育を受けられるようになり、戦後の経済成長で国民所得が増え、多くの親は子どもを大学に行かせるだけの経済的余裕を持つことができた。

　冷戦体制も少なからずカウンターカルチャーの誕生に貢献した。1950年に始まったフルブライト交換留学制度は、他国の学生にアメリカの大学で勉強する機会を与え、実際のアメリカを知ってもらい、帰国後はアメリカの実像を自国で広めてもらうことを目的にしていた。フルブライト交換留学制度は、冷戦外交の一端として、アメリカ的民主主義を広める文化外交的な役割をもっていた。交換留学制度だから当然アメリカ人学生も外国に留学した。同制度を利用して外国で勉強したアメリカ人のなかには、カウンターカルチャーに関わることになる人物も含まれていた。たとえば、ビート詩人のローレンス・ファーリンゲッティ（Lawrence Ferlinghetti）は、留学先にイタリアを選び、帰国後

にサンフランシスコでシティ・ライツ・ブックストアを営み、ギンズバーグの詩集『吠える　その他の詩編』を発売した。それから SFMT を立ち上げた R・G・デイヴィス（第 3 章参照）は、フランスで演劇とパントマイムを勉強した。

大学という環境

　大学という場所は特殊な環境である。高校卒業まで親と一緒に郊外の一軒家で暮らしていた若者が、親元を離れ大学の寮で暮らし始める。親からの干渉を受けないので、学生は 1 日を自由に使える。また、大学によって違いはあるものの、一般に大規模校や合格水準の高い大学ではさまざまな州や地域から学生が集まってくるので、見聞を広めることもできた。大学の授業では、高校までの科目とはひと味違った講義が受けられた。多くの選択科目があるので、自分の興味に応じた科目を勉強できた。課外活動にしても、高校までとは比較にならないくらい刺激にあふれていた。キャンパスの周りには、アカデミックな書物が揃えられた書店があり、講義の合間に時間をつぶすカフェがあり、夜にはクラスメイトと酒を酌み交わすバーが点在していた。

　ニュー・レフトやカウンターカルチャーに加わった大学生の多くは、授業や課外活動をつうじて文化的、政治的な影響を受けた。ミネソタ州北部の小さな町で生まれ育ったロバート・ジマーマン（Robert Zimmerman）という少年は高校卒業後、ミネソタ大学へ進学するために州最大の都市ミネアポリスに住むことになった。18 歳のジマーマンを刺激したのは大学の講義ではなく、キャンパス近くのレコード店で知り合った先輩から教えてもらったフォーク音楽だった。ジマーマンは半年で大学を辞めて、1962 年にニューヨーク目指して旅立つことになる。マンハッタン南部のグリニッジ・ヴィレッジにアパートを借りて住みだしたジマーマンは、名前をボブ・ディランに変えて、コーヒーハウスでフォーク・ソングを歌うようになった。大手レコード会社のコロンビアと契約し、最初のアルバムを発表したのは 1963 年 3 月だった。

　イリノイ州の中規模都市スプリングフィールドで育ったブランドは、サンフランシスコ南部にあるスタンフォード大学で生物学を専攻した。ブランドは指導教授のアーリックの学問的影響を強く受けた。アーリックは 1968 年に

第5章 禅、ヘッセ、ヨガ——東洋をとおしてアメリカを見たヒッピーたち　93

『人口爆弾』という本を発表し、人口が爆発的に増えている現状に警告を鳴らして、地球規模の環境問題に人々の関心を向けさせた。アーリックの問題意識はブランドに引き継がれ、ブランドはWECの発行をはじめとして、人々を環境へ関心を向けさせるプロジェクトに取り組んだ（第4章参照）。

　もちろん、全ての学生が大学のリベラルな環境に感化されたわけではなかった。大まかに言えば、地方の大学より都市圏の大学、合格水準の高い大学のほうが反戦運動などやカウンターカルチャー的な雰囲気が強かった。カウンターカルチャーの中心地であったサンフランシスコでは、海を隔てたバークリーにあるカリフォルニア大学バークリー校が学生運動の拠点だった。ニューヨークでは、アイビーリーグのコロンビア大学で学生運動が盛んだった。大学が多数集まるボストンでは、ハーヴァード大学（正確にはハーヴァード大学はボストン郊外の市に位置する）などの有名校が学生運動を先導した。それから、専攻別にみると、学生運動やカウンターカルチャーにのめり込んだ学生の多くは人文系（文学、歴史、外国語、哲学など）や社会科学系（経済学、社会学、人類学、政治学など）を専攻していて、会計学、経営学、法律などの実務系専攻の学生は少なかった。

　ヒッピーたちが東洋文化や東洋宗教を知ったのも、大学で東洋史や宗教学などの授業がきっかけとなったり、同級生や先輩から教えられたりする場合が多かった。先に論じたヘッセの小説が爆発的に売れたのは、キャンパス内の書店だった。大学入学までは中流階級の生活にどっぷり浸かっていた若者たちは、知的刺激の溢れた大学で東洋について知り、アメリカを相対化する視点を獲得するに至った。

　1960年代の大学生がキャンパスで学んだことは東洋だけではなかった。彼らの中には、貧困問題に強い関心を持つものも出てきた。貧困には2種類あった。1つは第三世界という言葉に集約されるアフリカ・アジアの国々における貧困である。第三世界の貧困問題は東西冷戦の象徴でもあった。ソヴィエトと覇権を争う中で、第三世界におけるアメリカの優位を確立するために、ケネディ大統領は就任早々の1961年3月にピース・コア（the Peace Corps）を設立した。ボランティアを募集し、第三世界の国に派遣して教育、医療、職業訓

練などの支援にあたらせる2年任期の非軍事的外交協力である。アメリカの人道的精神を第三世界に広める目的があった。ピース・コアに応募した者のほとんどは、大学を卒業したての若者だった。アメリカの対極にあると言ってもよい第三世界の貧困の現実を実際に見たボランティア隊員は、帰国後、公私さまざまな機会に第三世界の貧困を語り、同胞の貧困問題への関心を高めた。

　大学生たちは、もう1つの貧困を意外にもアメリカ国内に見つけた。きっかけは、ジャーナリストのハリントンが1962年に出版した『もう一つのアメリカ』だった。ヘッセの小説と同じく、『もう一つのアメリカ』も主な読者層は大学生だった。この本は、アメリカの経済発展の陰で依然貧困に苦しむアメリカ人が相当多数いることを説いた本である。出版年だけで7万部が売れた同書はたんなるベストセラーではなく、ケネディ政権とジョンソン政権の社会福祉政策に最も影響を与えたとされる重要な書物である。大多数のヒッピーたちにとっては、国内に貧困で苦しむ人がいるということ自体が青天の霹靂だった。高校卒業まで同質的な環境で育ってきたので、経済的に苦しむ人たちを直に見る機会はほとんどなかったからである。

　国外の貧困と国内の貧困の両方を知識として得たヒッピーたちは、必然的に、貧困の対極にあるアメリカの（彼ら自身を含む）主流層、ひいてはアメリカという超大国に対して疑念を抱くようになった。物質的に豊かで不自由なく暮らせる生活と引き替えに、何か大切なものを失いかけているとヒッピーたちは考えた。大切なものとは、人生に対する実存的な意味づけである。所与の社会的環境において、どれだけ自分は主体的に生きているかという哲学的問いかけだった。この自問が経済的豊かさを批判することに繋がり、批判の裏返しとして、ヒッピーたちは（精神的には）貧困をむしろ好ましいと考える傾向を持つに至った。1960年代から1970年代にかけては、経済先進国と言えば欧米の限られた国だけを指しており、アフリカ、（日本という例外を除いて）アジア各国はおしなべて貧困と戦っていた。ヒッピーたちが東洋に実存的充足のきっかけを求めたとき、アメリカのような豊かな経済的環境下では得られにくいと考えるのも無理はなかった。もともと、大量生産・大量消費の生活スタイルを嫌悪していたヒッピーたちである。東洋への関心は、この思考を強化した。か

といって、ほとんどのヒッピーたちには現在の物質的に充足された環境を捨てる勇気はなかった。彼らにできることは、経済的貧困を生の充実が可能となる環境だと肯定的に考えることで、第三世界を思想的に支援することだけだった。

革命ヒーローとしての毛沢東

コミューン建設に見られたように（第4章参照）、権威主義的、官僚機構的、画一的なアメリカを反面教師としたヒッピーたちは、小さなコミュニティを単位として成り立つ社会を理想視した。その理想を実現しかけているように見えたのが中国だった。当時の中国は毛沢東による文化大革命が進行していて、党のエリート主導やソヴィエト流の重工業の育成による国力増強ではなく、農民階級を革命の担い手とした社会の建設を目指していた。現在の私たちが知る毛沢東や文化大革命についての知識からすると信じられないかもしれないが、1960年代のアメリカの若い世代の間では、毛沢東は中国人民を率いる革命ヒーローだった。

大衆を歴史的主体と位置づける毛の思想は、ヒッピーたちの琴線に触れた。ヒッピーたちも、つまるところ、少人数のコミュニティを基本にした社会を夢見ていたからだ。コミューン建設は、その最も具体的な行動だった。ヒッピーたちは、けっして共産主義社会建設を目指していたわけではないが、アメリカで露呈しつつあった資本主義の弊害を改善しようとすると、毛がとったような方法論に行き着いた。1960年代なかばの毛は政治の実権から遠ざかっており、復権のために反体制派の学生運動家を支援した点も、ヒッピーたちの心を捉えたに違いない。

ヒッピーたちの心を捉えた革命家は他にもキューバのチェ・ゲバラ（Che Guevara）がいた。チェはアルゼンチン生まれだが、キューバのカストロ政権樹立における功績を認められ、カストロ政権で要職に就いた。チェはキューバ国民の教育水準を上げる政策や産業育成など国力増強に努めただけでなく、キューバで実現した革命を他の南米諸国でも達成させようと、ボリヴィアに潜伏して革命を指導した。しかし、1967年、ボリヴィア政府軍に捉えられて処刑された。

毛沢東はイメージとして消費されたのであって、暴政を働いた（ことが後に明らかになる）毛沢東がヒッピーたちの支持を得たのではなかった。たとえば、芸術家のアンディ・ウォホールが1973年に制作した毛沢東のシルク・スクリーンの作品を思い浮かべれば、アメリカにおける毛の消費のされ方が理解できるだろう。ポップ・アートと称されたウォホールは、缶スープのパッケージや、有名女優、ケネディ大統領などを素材として使ったのと同じ感覚で、毛の肖像画を使った。ヒッピーたちにとっても、毛は社会的想像力をかき立てるイメージとして消費されたにすぎなかった。さしずめ、権力に立ち向かう自由のシンボルといったところだろう。

毛とは違って、チェは暴君ではなかった。しかし、チェが信じたトルストイ主義や武闘的政治姿勢までも（ウェザー・アンダーグラウンドのような例外はあったが）、ヒッピーたちは信奉したのではなかった。ヴェトナム戦争に誰よりも強く反対したのはヒッピーたちである。革命というのは、当事者として経験すれば残酷なものであるが、第三者として遠巻きに見れば優美でロマンティックなものである。ヒッピーたちがチェをつうじて見たものは、革命という優美な観念であった。ここでいう「革命」とは、政権を転覆させるような本来の意味での革命ではない。つまり、チェがキューバにおいて実行し、ボリヴィアにおいても遂行しようとしたような本来の意味での革命ではなく、ヒッピーたちにとっての革命とは、反アメリカ的価値観の象徴としての、体制に容易には順応したくないという意思表明としてのシンボルだった。チェや毛は、ヒッピーたちの「革命」に対する憧憬をかき立てたのである。

LSDから禅、瞑想へ

1960年代前半、リアリーの助手としてLSDの啓蒙に忙しかったアルパートは、ラム・ダス（Ram Dass）に名前を変えて、1971年に『ビー・ヒア・ナウ』（*Be Here Now*）という本を出版した。ヨガや瞑想、精神世界について書かれた同書はベストセラーとなった。主な読者層はもちろんヒッピーたちであった。アルパートはインドに渡り、瞑想やヨガの訓練を受けた。LSDのような即物的な刺激ではなく、より自然で、東洋的な心身一如の身体観に基づく

第5章 禅、ヘッセ、ヨガ——東洋をとおしてアメリカを見たヒッピーたち

自己変革あるいは自己覚醒する方法をこの本で説いた。

また、東洋の古典もヒッピーたちの間で熱心に読まれた。中国の『易経』(*I Ching*) は、儒教の最も重要な経典である五経の1つとして、天文学、地理学、人間の運命など世界の事象を陰陽の原理によって説いた書で、元来は占いに用いられた。『易経』は WEC に掲載された。それから、チベット密教の書である『死者の書』(*The Book of the Dead*) もよく読まれた。この本は、人間は死と再生をつうじて真理に到達できると説いた。禅、仏教については、日本人の宗教学者である鈴木大拙の著作が読まれた。鈴木の著作は1920年代から何冊もアメリカで発行されていたので、禅、仏教については戦前から一部の知識人や専門家には知られていたが、カウンターカルチャーを期により広い層に読まれるようになった。Zen が英語の語彙として定着したのは、この時期だった。

鈴木と同じく、戦前から禅や仏教に関する執筆活動を行っていたのがアラン・ワッツ（Alan Watts）である。1915年にイギリスに生まれたワッツは、鈴木に影響を受けて禅の勉強を始めた。22歳で禅に関する本を書き、24歳になった1938年にニューヨークに渡り、本格的に禅の修行を始めた。1950年代はじめにサンフランシスコに移住し、禅、仏教の勉強を続けた。1957年に、彼の名を広く知らしめることになる *The Way of Zen* という本を出版した。1960年代始めには、ジャニガー教授（第2章参照）の下で、LSDやメスカリンの実験に協力した。

以上のとおり、禅や仏教を始めとする東洋思想の普及は、カウンターカルチャーのずっと以前から始まっていた。ただし、カウンターカルチャーにおける東洋思想の位置づけは、戦前期の鈴木やワッツ、そして1950年代のビート作家たちとは明らかな違いがある。戦前期と1950年代までの東洋思想は、知識人に代表されるような、ごく限られたアメリカ人がその価値を味わったという意味で高尚文化的な位置づけだった。ところが、ヒッピーたちのカウンターカルチャーでは、その主要構成員である中流階級層に広く浸透したという意味で、東洋思想はメインストリーム文化の一部に入っていくことになった。このことは、1970年代以降、中・上流階級層、特に企業の管理職レベル以上にあるアメリカ人たちの間で、フィットネスとしてヨガや瞑想が定着することを鑑

みても理解できる。

　1970年代に入ると、カウンターカルチャーという言葉は使われなくなっていった。LSDのような即物的な刺激ではなく、瞑想やヨガ、禅修行のような自然な方法で自己充実を図ろうとする文化実践は、ニューエイジと呼ばれるようになった。ニューエイジをもっともよく象徴する場所として、エサレン研究所（Esalen Institute）があった。設立はカウンターカルチャーが始まるよりも早い1962年で、サンフランシスコ郊外のビッグ・サー（Big Sur）という海岸沿いの保養地に研究所が作られた。人間回復運動（human potential movement）の先駆けとして、ゲシュタルト心理学、トランスパーソナル心理学、マッサージ・セラピー、ヨガ、瞑想などの東洋的な身心調整法のワークショップをはじめ、各分野の専門家を講師として招聘した。先進的な多種多様の試みがなされたが、共通するのは、心身一元論に基づいた個人の可能性の発見・拡大だった。

まとめ

　表面的には、カウンターカルチャーにおける東洋文化への接近は、アメリカに対する批判であったと理解されている。しかし、ヒッピーたちの東洋文化への接近は、独自に切り開いたというよりは、ロックやLSDと同じく、その下地はアメリカの経済的繁栄によって用意された。ヒッピーたちの東洋礼賛は戦後アメリカのアンチテーゼという側面だけで理解されるべきではなく、批判の対象そのものがヒッピーの反体制的文化を可能ならしめたという複雑な構図があった。ヒッピーたちが嫌悪したアメリカ的なるものの存在ゆえに、ヒッピーたちは東洋に接近することができたのである。

　ヒッピーたちの東洋に対する関心は、たんなる娯楽的消費ではなかった。東洋文化を味わうことをつうじて、ヒッピーたちはアメリカに対する批判精神と自らの文化的アイデンティティを形成していった。もともと、カウンターカルチャーの根本的な動機は、アメリカ中流階級的価値観に対する文化的対抗だったが、ヒッピーたちが東洋を「発見」したことで、カウンターカルチャーはその批判的精神をよりいっそう発揮した。観念的ではあるにせよ、ヒッピーたち

は東洋思想にアメリカ的システムの限界を乗り越える可能性を見いだしたのである。

　ヒッピーたちは中流階級の呪縛のようなものに囚われていた。東洋思想をテーマにしたヘッセの小説が読まれたのは、ヘッセの作品の主人公が、中流階級的価値観に背を向けたり、ヒンズーの教義を極めるために険しく狭き門をくぐろうとする姿勢に共感したりしたからである。1960年代のアメリカを欲望に忠実な資本主義システムとするなら、カウンターカルチャーはその解毒剤として、禁欲的態度を是として心の調和を求める（と理解された）東洋思想を発見したと言える。だが、それはあくまでも記号・イメージとしての東洋であって、自国を相対化するための思想的ツールだった。

　「革命」も記号・イメージとしてヒッピーたちの間で流通した。大多数のヒッピーたちは通常の意味での革命を求めたのではなかった。社会を変えたいとは考えたが、実力行使をするつもりはなかった。毛やチェがカルト・ヒーローのような扱いを受けたのは、実像としての革命家ではなく、大衆の側に立って既存権力に立ち向かう姿勢を象徴する同時代の実在する人物として、消費されたからであった。

　ヒッピーたちにとって、東洋は西洋の対極として映った。西洋の物質的豊かさを基準とする価値観に対しては、東洋の精神的豊かさが対置され、西洋の個人主義に対しては、東洋の調和主義が対置された。アメリカの繁栄の真ん中で育った彼らは、その豊かさゆえ、リベラルな教育を受けることができ、自国の主流をなす価値観を批判的に見ることができた。ヒッピーたちの東洋に対するまなざしは、実存的理由を求める彼らの希求であった。東洋の存在は彼らに、自国の繁栄を醒めた目で見させると同時に、第三世界に対する観念論的な親近感を抱かせた。東洋はヒッピーたちにとってユートピア的想像力の源泉だった。

注
1) "Hippies Love and Activism," *San Francisco Examiner* (Jan 15, 1967), 3.
2) Kurt Vonnegut, "Why They Read Hesse," *Horizon* 12 (Spring 1970), 28-31.（邦訳 カート・ヴォネガット「若者たちはなぜヘッセを読むのか」『カート・ヴォネガット大いに語る』ハヤカワ文庫、2008）

第2部
連係されるカウンターカルチャー

第6章 インディペンデント・シネマに描かれたヒッピー世代の挫折

　1960年代後半に現れたインディペンデント・シネマと呼ばれるジャンルの映画は、カウンターカルチャー的なテーマを扱った作品が多く、興行的にも成功を収めた。本章では、カウンターカルチャー的テーマを扱ったヒット作品の幾つかを考察することをとおして、アメリカ社会がどのようにしてカウンターカルチャーを受容したのかを検討したい。映画においては、カウンターカルチャーのエッセンスは第一部で論じたロックや演劇とは異なった形で作品に投影された。ロックでは、ジェンダーや人種の固定概念を超越しようとするミュージシャンが現れて、ヒッピーたちに支持された。演劇では、ストリート・シアターなど、主宰者の思想をストレートに表現することが許された。しかし、映画では、そういったラディカルさは素材としては使われたが、全体としてみれば過激性は薄められた。本章は、この理由を考えることをとおして、アメリカ社会におけるカウンターカルチャーの位置づけを明らかにしてみたい。

『イージー・ライダー』

　インディペンデント・シネマの傑作を1つ選べと言われれば、多くの人が1969年の『イージー・ライダー』（*Easy Rider*）を挙げるに違いない。コカインの密輸で大金を得たキャプテン・アメリカとビリーという2人の主人公がオートバイでカリフォルニア州からフロリダ州まで旅をするというストーリーだ。最初の30分は、アメリカ南西部の広大な自然を背にして気持ちよさそうにオートバイを走らせ、マリファナを吸ったり、ヒッチハイクの若者を拾った

お礼に彼の暮らすコミューンに泊めてもらったりと、カウンターカルチャーの雰囲気たっぷりだ。2人の会話も知的な雰囲気を醸し出していて、観ている側としては期待どおりの展開である。

ところが、2人の行く末には徐々に陰鬱な現実がのしかかってくる。彼らが目撃した最初の陰鬱さは、ヒッチハイクで拾った男が住むコミューンに招かれたときだ。そこでは数十人の男女と子どもが共同生活をしている。メンバーは農業に精を出しているようだし、芝居用の簡易ステージもあり、「ゴリラ・シアター」という看板が掲げられていて（「ゲリラ・シアター」のパロディ。第3章参照）、娯楽も楽しんでいる様子がうかがえる。しかし、生活の糧である農業がうまくいっていない。土壌が悪いのに加えて、都会育ちのヒッピーではまともな作物は生産できないのだ。来たときは平和的に見えたメンバー同士の人間関係も、一晩泊まってみれば、あちこちで軋轢が生じていることを悟る。

コミューンを出たキャプテン・アメリカとビリーは、小さな町でオートバイを蛇行させて走っていると、「無許可でパレードをした」というかどで留置所に入れられる。本来なら逮捕されるような行為ではないのだが、2人の身なりが地元警察の反感を買ってしまい、恣意的に逮捕されたのである。拘置所で出会った、若き地元弁護士ジョージの口利きにより一晩で釈放される。釈放後は3人で旅を再開する。人生を哲学的に語り、ヴェトナム戦争を暗に批判する会話をし、マリファナを吸うシーンは印象的である。

ところが、また別の厳しい現実に直面する。3人が南部ミシシッピ州の田舎の小さな食堂に入った時、注文を取りに来てもらえないという事態に出くわした。食堂にいた地元住民が、彼らの身なりをみて顔をしかめる。それでも、女子高校生のグループからは好奇心を持たれ、軽い会話を交わす。「ヒッピー」のことはメディアをつうじて地方まで伝わっていることがうかがえる。その夜、「空室あり」のネオンが灯るモーテルを見つけたので、中に入ったが、フロントの男が彼らを見た瞬間、満室だと言われる。仕方なく、その夜は野宿することにする。ところが、就寝中に暴漢に襲われて弁護士ジョージが死ぬ。犯人はおそらく昼間の食堂の客だろう。

友を失ったキャプテン・アメリカとビリーはニュー・オリーンズに向けて旅

を続ける。マルディ・グラ（Mardi Gras）という有名な祭りを見るためだ。2人はそれぞれ売春婦を伴ってマルディ・グラを見物する。4人でLSDを飲むシーンが挿入される。ニュー・オリーンズを離れた2人は、さらに東のフロリダ州に向かう。ヒッピーを引退してそこで静かに暮らすつもりらしい。ところが、後方を走っていたトラックからヤジを飛ばされたビリーは、中指を突き立てて反応してしまう。怒った地元の男は猟銃でビリーを撃つ。続いて、暗示的にではあるが、キャプテン・アメリカも撃たれて死ぬ。

『イージー・ライダー』はヒッピー的生き方に対する讃歌ではない。むしろその逆である。ヒッピー的価値観を非常に冷淡に見つめた作品である。映画の最初こそは2人で楽しく旅を始めるが、弁護士ジョージとの対話や、（主人公たちは白人にもかかわらず）彼らの身なり故に食堂やモーテルで差別を受けるにしたがい、作品はどんどん陰鬱になっていく。後半に出てくるLSDのシーンもしたがって悦楽的というよりは悲劇の予兆である。ここで気づくのは、アメリカの西海岸から南部へ移動する過程が、カウンターカルチャーの無垢な理想郷的世界観からアメリカの現実を認識せざるをえないようなやるせない感覚へと変化していることである。

『イージー・ライダー』公開が1969年7月だったというタイミングも重要である。1969年といえばカウンターカルチャーがすでにほころびを見せかけていた年である。前年の4月にキング牧師が暗殺された。6月には大統領選を有利に進めていたロバート・ケネディも暗殺された。民主党の大統領候補を正式に決める党大会が行われた8月のシカゴでは、SDSの学生を中心にしたデモ隊がシカゴ警察と衝突した。シカゴ警察は武力行使をためらわず、学生のデモ隊を鎮圧した。『イージー・ライダー』公開直後の8月には、ウッドストック・フェスティバルが平和裡に行われ、ヒッピー文化健在かと思われたが、同じ8月にチャールズ・マンソン（Charles Manson）のメンバーによる女優シャロン・テイト（Sharon Tate）殺人事件（終章参照）、12月にはアルタモント・フリー・コンサートでの殺人事件（終章参照）が起きた。

もし、これらの歴史的事実を無視して『イージー・ライダー』を解釈すると、自由を求めるアウトロー的な2人の男が偏見に毒されたアメリカ社会に殺

されたという殉教者のストーリーになりかねない。しかし、上に述べたような歴史的文脈に当てはめると、『イージー・ライダー』はカウンターカルチャーへの讃歌ではなく、ノスタルジアだったということが分かる。『イージー・ライダー』の宣伝で使われたタグライン、"A man went looking for America and couldn't find it anywhere" は、この映画はノスタルジアだということを如実に示している。ここでいう America とは、物質的繁栄以前の素朴で勤勉な価値観が重んじられたアメリカである。人々は純朴で、互いに助け合い、金儲けにあくせくせず濃密な人生を楽しんでいた。しかし、そういうアメリカは、探してみたけれどどこにも見つからなかったというのがこのタグラインの意味するところである。

『卒業』

　1967 年 12 月に公開された『卒業』(*The Graduate*) は、上流階級の親子の人生観に関する断絶がコミカルに描かれた佳作だ。東海岸の一流大学を卒業したばかりのベンジャミンが、実家のあるカリフォルニア州に帰省する。父は息子の卒業記念パーティーを自宅で開く。父親の会社関係者がぞくぞく詰めかけ、ベンジャミンに祝福の言葉を贈る。ベンジャミンは大学では文武両道の模範的学生であることが伝わってくる。しかし、ベンジャミンの応対がどことなくぎこちない。父の友人の 1 人がベンジャミンにどの業界に就職するのかと単刀直入に問いかける。ベンジャミンがその質問にたじろぐ。この様子から、ベンジャミンは卒業後の進路を決めていないことが分かる。

　1960 年代は科学の時代だった。男の子の将来の職業で一番人気は宇宙飛行士だったという時代である。就職先としては化学関連が花形産業だった。化学関連の修士号や博士号を取得した者は、化学・石油関連企業から引く手あまたの状態であったという。パーティーで、進路について父の友人がベンジャミンに "plastics!" と言い放つシーンがある。化学業界に進めば将来は安泰だよ、と満足げな仕草を見せる男を不機嫌に見つめるベンジャミンの表情は、『卒業』前半のハイライトである。経済好況の時代にどっぷりつかっていた父親世代と、社会の変化を嗅ぎ取っていたベンジャミンの世代の溝を表現していると

いってよいだろう。

　将来に希望が持てずにためらっているベンジャミンが、では何をやったのかといえば、父のビジネス・パートナーの妻であるロビンソン夫人との火遊びである。さらに彼は、ロビンソン夫人の娘のエレイン（高校時代に面識あり）とデートを始める。エレインとのデートには裏があった。彼の意志でデートをしたのではなく、精神的不安定なベンジャミンを心配した親が、気分転換のためにエレインを誘うよう指示したのである。デートではわざと嫌われるようなことをしたベンジャミンだが、逆にエレインに好意をもってしまう。２人は関係を深めていくが、ロビンソン夫人と関係を持ったことが、娘であるエレインにばれる。失意のままエレインは大学に戻る。ベンジャミンはエレインを追いかけて、彼女が通う大学の近くにアパートを借りる。ところが、エレインは別の男と結婚することを決心し、近々挙式を挙げる予定であるという。なんとか、挙式の場所と日時を突き止めたベンジャミンは、挙式の最中に乱入してエレインを奪い返したところで映画は終わる。

　『卒業』は、ベンジャミンが年上の婦人との情事、その娘エレインとのプラトニック・ラヴ、最後にはエレインを挙式の最中に奪還するというコメディ風の冒険譚なのだが、情事にせよ挙式乱入にせよ、おおよそ良家のお坊ちゃんがやるようなことではない。ベンジャミンは、服装や髪型はヒッピー風ではなく、好青年風で真っ当な人生を歩んでいくようなキャラクターである。しかし、人生に対して違和感を抱いている。

　『卒業』は基本的にコメディなので、映画からは葛藤や自己憐憫のような、ベンジャミンの心理を解読できるようなヒントはほとんど見当たらない。情事のくだりにしても、高校時代の顔見知りにしかすぎないエレインと性急に結婚を決めてしまう経緯も、ベンジャミン本人としては真剣なのかもしれないが、観ている方としては滑稽さを禁じ得ない。

　コメディ・タッチで軽く仕上げているが、この映画はハッピーエンドではない。ラストの結婚式のシーンで、エレインを奪い返したあと、バスの最後部座席に座った２人の表情からは、満足感は感じられない。婚約者の男性のメンツ、両家の世間体をつぶしてまで自分たちのやり方を通しても、いずれしっ

ペ返しを受けるであろうことを暗示させる。その意味で、『卒業』は『イージー・ライダー』と同じように、主人公たちに対して非同情的な終わり方をする。

『卒業』は、戦後アメリカの繁栄を支えた中・上流階級の禁欲的価値観が崩壊しかけていることを暗示している。モラトリアム状態のベンジャミンは確固としたライフ・スタイルを持っているわけではないし、社会や親に対してあからさまな異議申し立てをするわけでもないが、彼の宙ぶらりんな状態は、作品を観る側、とくに同世代層にとっては真実味を与える。だれもかれもが『イージー・ライダー』のような筋金入りのヒッピーになるわけでも、なれるわけでもない。むしろ、ベンジャミンのように、違和感を覚えながらも、どうしていいのか分からず生きているほうが大多数である。かといって、ベンジャミンのような行き当たりばったりの行動が、既存の価値観に取って代わられるとも思えない。大団円で終わらない『卒業』は、ベンジャミンの人生の行方を観る側に委ねる。

『ミッドナイト・カウボーイ』

1969年5月公開の『真夜中のカウボーイ』（*Midnight Cowboy*）は、ナルシスト気味の主人公ジョーが、新調のカウボーイ・ファッションに身を固め、故郷テキサス州を後にするところから始まる。目指すはニューヨーク。成り上がろうという計画だ。ニューヨークの女性はカウボーイ・スタイルの自分にセックス・アピールを感じるはずだという自信があるらしく、ジゴロか売春夫としてニューヨークで生きていく決意らしい。ニューヨークに着いた日に、ジョーは幸先よく最初の客を取ることができたが、その女は実は娼婦で、逆に金を要求される。次に、バーで売春ブローカーの男ラツィオと知り合う。ところが、ラツィオは男娼専門で、男性客ばかりをジョーに紹介する。

持ち金が底をつき始めたジョーは仕方なくラツィオの安アパートに転がり込み、共同生活が始まる。ラツィオは肺の病気に冒されていて、いつも咳込んでいる。定収入はなく、盗みと売春斡旋でかろうじて食いつないでいる。ジョーのほうはと言えば、たまに客を取る程度で、成り上がるという夢は夢で

しかなかったということを悟り始める。ラツィオはしばしばジョーに、マイアミに行きたいという夢を話す。太陽、ビーチ、金持ちの女がわんさか、そういう話をジョーに聞かせるのだ。やがて、ラツィオの容体は起き上がれないほどまで悪化する。ジョーはシカゴから出張にきた男性客から金を強奪して、ラツィオとマイアミ行きのバスに乗る。

映画のテーマは、カウボーイというイメージにまつわる「男性」性（masculinity）の消失だ。ジョーがカウボーイの真似をするのは、それが女性を惹きつけると信じているからだ。ところが、ジョーはニューヨークで予想外の現実に突き当たることになる。カウボーイのイメージはニューヨークでは逆に同性愛のイメージとして定着しているのだ。ジョーがニューヨークで性行為を持つシーンは3回ある。最初は娼婦と彼女のアパートで、次は若い学生風の男と映画館で、3回目はパーティーで知りあった女と彼女のアパートで。1回目の娼婦とは、金をふんだくられたものの、彼が信じる男性的なるものの象徴としてのカウボーイのイメージは傷つかずにすんでいる。2回目の映画館での行為で、カウボーイというイメージは同性愛の隠喩になっていることにジョーは気がついたはずだ。少なくとも観ている側にはそれは伝わってくる。3回目では、彼はインポテンツ状態になり、なかなか事が運ばない。女からはホモじゃないのと遠回しに言われる。最終的には「職務」を遂行できたのだが。

この3回の性行為を経るにしたがって、ジョーが信じていたカウボーイというイメージが崩れていくさまがよく分かる。3回目の性的不能状態に陥ったシーンが示すのは、カウボーイ＝男性的というテキサス的ペルソナをまとってニューヨークにやってきたジョーが、カウボーイ＝同性愛というニューヨーク的ペルソナに変容させられていくさまである。

カウボーイの持つ男性的イメージは、西部開拓史と関係している。古典的な西部劇でおなじみだが、無法者を許さず、女性には優しく、町の治安を守るためなら命を懸けて戦うといったカウボーイのイメージは、アメリカ社会では男らしさの象徴として、映画、テレビ番組、広告などで流通してきた。男らしさというイメージは、好戦的態度と繋がる。1960年代以前に作られた西部劇ではほぼ例外なく、決闘・戦闘シーンがでてくる。主人公が戦う相手は不法者や

第6章　インディペンデント・シネマに描かれたヒッピー世代の挫折　109

ネイティヴ・アメリカンである。西部劇が持つこのような「カウボーイ＝男性的」イメージ構築の最大の貢献者は、ジョン・ウェイン（John Wayne）という俳優である。ウェインは『幌馬車』（*Stagecoach*）、『リオ・グランデの砦』（*Rio Grande*）など多数の大ヒット西部劇映画で主役を演じ、カウボーイの持つ男性的なイメージを作り上げてきた。『真夜中のカウボーイ』でも、ジョーがテキサス州を出るとき、ウェイン主演の映画のポスターが映る。ウェインはジョーのロール・モデルである。ジョーがカウボーイ気取りでニューヨークに出てきたのも、ウェインになりたかったからだ。

　ところが、ウェイン的なカウボーイの魅力がニューヨークでは全く通じない。反対に、カウボーイは同性愛と結びついているという現実に直面する。実は、映画の後半で、ラツィオからこのことを直接に指摘されるシーンがある。「そんなカウボーイの格好をしたいんだったら、上流階級の女を狙うよりも、42番ストリート（男娼のたまり場として有名）に立っていた方が儲かるぜ」とラツィオはジョーに言う。「おまえ、ジョン・ウェインがホモだって言ってんのかよ？」とジョー。このセリフが『真夜中のカウボーイ』の核心である。

　カウボーイのイメージ変容はアメリカ社会の変容でもある。戦後のアメリカは生産中心経済体制から大量消費を前提とする経済社会に移行した。中流階級はこぞって郊外の一軒家を手に入れ、テレビや電子レンジ、洗濯機、その他の電化製品を購入し、物質的充足感を手に入れた。一家は居間でテレビを見ながらTVディナー（テレビを見ながら食事ができることを謳った冷凍食品。電子レンジで調理した）を食べた。映画の中で、ジョーの少年期の回想シーンがあるが、子ども時代のジョーがTVディナーを食べながらテレビを見ているシーンが何度か出てくる。それなりに裕福な親のもとに生まれてきたことが読み取れる。生まれた瞬間から物質的に充足されていたベビーブーマーたちは、カウボーイのような強さを必要としなかった。カウボーイが象徴する「男性」性は戦後のアメリカ社会の本流では必要とされなくなった。では、どこに行ったのかといえば、この映画が示すように、都会の同性愛者たちで記号的に消費されるようになったのだ。

　「男性」性の消滅のほかにも、ジョーのカウボーイ・ファッションが時代遅

れである理由は、この映画が1960年代後半という設定だからである。すなわち、ヴェトナム戦争反対運動が盛り上がっていた時期である。ましてや、テキサス州の政治風土とはほど遠い、多文化都市ニューヨークである。映画が公開された1969年は、大統領がジョンソンからニクソンに代った年だった。前年には、ヴェトナムの状況悪化が誰の目にも明らかとなり、ついにジョンソンは自らの大統領選不出馬を発表し、北ヴェトナムへの攻撃一部中止を決定して、全面撤退への道筋を探り出した。国内では、相次ぐ要人の暗殺（キング牧師、ロバート・ケネディ）や、学生デモ隊や過激派がシカゴで多数逮捕された。アメリカ国民は多くの暴力と血を見た。戦争を連想させるカウボーイやウェインという西部劇俳優が、ニューヨークのような大都市では受け入れられる余地はなかった。

　ジョーとラツィオは、長距離バスに乗ってフロリダ州マイアミを目指す。ラツィオは息も絶え絶えの末期状態だ。終着地マイアミの手前の休憩地で、ジョーは洋服店に入り、地味な色のシャツとズボンを買って、その場で着替え、着ていたカウボーイ・ファッション一式をクズカゴに捨てる。バスに戻り、ジョーはラツィオに「おれさ、マイアミで堅気の仕事を見つけるからよ」と語りかける。だが、マイアミに着く直前にラツィオは死ぬ。ジョーがカウボーイ・ファッションを捨てたのは、カウボーイに対する幻想を持ち続けられなくなったからでもあるし、カウボーイというペルソナを必要としなくなったからでもあろう。

　『真夜中のカウボーイ』では同性愛がサブ・テーマとして扱われ、さらにドラッグも出てくるため、一見して過激な印象を与えるが、基本的にこの作品は男の友情物語であり、しかも片方が最後に死ぬという筋書きはセンチメンタルである。小説やドラマなど大衆向け娯楽作品に繰り返し使われる定番であると言える。映画の最後でラツィオが死ぬ直前、ジョーがカウボーイの服を捨てて普通の服に着替えるシーンは、ジョーが改心してこれからは真っ当な人生を歩んでいく決意をしたことを暗示する。そのため、カウンターカルチャー的な過激性は希釈されている。最終的には、アメリカ社会の主流である中流階級的価値観が、時代遅れのカウボーイに勝つわけである。『イージー・ライダー』と

同じく反体制的な要素が盛り込まれてはいるものの、『真夜中のカウボーイ』も、やはり結末でジョーは改心することで、社会の主流側が勝利する。

『俺たちに明日はない』

　1967年8月に公開された『俺たちに明日はない』（*Bonnie and Clyde*）は、テキサス州の強盗カップル、ボニーとクライドの物語である。極悪男クライドがボニーの家の車を盗もうとしたことから2人は出会う。ウェイトレスをしているボニーは、破綻した結婚生活から抜け出すこともできず、単調な生活に飽き飽きしていたところに、自動車泥棒のクライドが現れた。きっかけはどうであろうと、2人は恋に落ちた。そして銀行強盗を働くことに2人はスリルを覚える。やがてクライドの兄夫婦も加わり、強盗団のような形になる。警察も追跡するが、クライドたちはうまく逃げる。が、最後には仲間の1人が警察と取引をしてボニーとクライドを罠にはめる。2人が警官隊に射殺されて映画は終わる。

　『俺たちに明日はない』は、1930年代前半に実際にあった事件を下敷きにしている。実在のボニーとクライドは大恐慌時代の銀行強盗団だった。時代が時代であっただけに、この強盗団を英雄視する向きもあった。なぜなら、国が大恐慌に陥ったのは大企業が私利利欲にとらわれたからだと考えたアメリカ人が多く、ボニーとクライドの銀行強盗はある種のカタルシス効果を生んだのである。

　『俺たちに明日はない』はカウンターカルチャー的なラディカルさを幾つか含んでいた。まずは、その暴力性の描写である。とくにラストの銃撃シーンは批評家や観客から非難を浴びた。銃撃シーン自体は特段珍しいものではない。犯罪ものや西部劇では必ずと言っていいほど人が撃たれて死ぬわけである。しかし『俺たちに明日はない』では、前例のないような殺され方をしたことが批判を招いた。ラストでボニーとクライドが銃殺されるシーンは、カメラのカットの入らない長回しで撮影された。編集段階でもスローモーション処理などをされることなく、いわば、そのままの映像で、弾を何発も浴びて死んだのである。一説には87発の銃弾を浴びたと言われている。ここまで残酷に銃殺する

シーンを編集なしで使ったのはおそらくこの映画が初めてである。

暴力の描写に関する点でもう1つ見逃してはいけないのは、女性のボニーも男性のクライドと同じように被弾して死ぬ点である。あれほどまで女性が無残な形で射殺されるシーンは前例をみないものだった。悪役ヒロインとはいえ、「女性らしくない」殺されかたなのである。映画で女性が死ぬときというのは、美しく清らかに死んでいくのが相場と決まっていた。血まみれで死ぬなどということはあり得なかった。映画のなかの女性像は、そういう男性中心的な価値観で作られてきた。だから、男性のクライドが散弾銃を集中的に浴びて死んでいくのを見るのはまだ耐えられるとしても、女性のボニーも同じように弾丸を何発も浴びて死ぬのには違和感を覚えてしまう人が多くいた。この違和感は、裏返せば、ボニーは女性だからという理由によって特別扱いされず、クライド同様無惨に銃殺されたということになり、女性の脱神秘化であり、男女を平等に扱ったとも言えないこともない。そういう意味では、ボニーの死に方は自由で解放的である。警官隊に銃殺されるとき、ボニーは文化的に規定された「女性」から解放されたわけである。

この犯罪映画は性のタブーにも挑戦している。実は、クライドはインポテンツなのだ。このことは、クライドの人物設定を考えれば奇異に感じる。人妻のボニーを誘惑するような色男で、しかも犯罪人ときている。私たちは自然とクライドにマッチョなイメージを抱く。ところが、そういう予定調和的な性のイメージを、この映画は打ち砕く。さらに面白いのは、ボニーがインポテンツのクライドに愛想を尽かさないことである。性的な満足が得られなくても、ボニーはクライドを愛するのである。長くアメリカを支配してきた男性中心的価値観では、女性が男性に惹きつけられる理由の1つは、男性の性的能力である。しかしながら、ボニーはインポテンツのクライドを愛してやまず、危険な逃避行を続ける。クライドの性的不能も、ボニーが「女性」性から解放されたのと同じように、大胆な価値転換を迫る。

『俺たちに明日はない』は、悪役ヒーローと悪役ヒロインが活躍するピカレスク風映画であると同時に、性やジェンダーの既成概念を転倒させた。しかし、この映画も、『イージー・ライダー』や『真夜中のカウボーイ』と同じく、

勧善懲悪の世界観が維持されている、強盗や殺人を美化したともとられかねない映画でありながら、最後ではボニーもクライドも射殺されることで、作品の中の社会システムは堅持されている。

インディペンデント・シネマの誕生

　インディペンデント・シネマという呼びかたが喚起するイメージは、既存のハリウッド映画制作システムからは「独立」して制作された映画といったところだろう。ところが実際はそうでもなかった。インディペンデント・シネマとは言うものの、これらの映画はハリウッドの制作システムの枠内で制作された映画に変わりなかった。実は、1950年代半ばの時点ですでに、制作される半分以上の映画が独立系のプロダクションによるものだった[1]。したがって、MGMなどの大手スタジオは、制作というよりは配給のための組織として機能していた。ただ、1950年代は特別な呼び方がなかったので、大衆には映画産業の変化は見えにくかった。ハリウッドの大手プロダクションは、制作の主導権を独立系プロダクションに奪われていく事には危機感はあったものの、配給に関しては依然強い力を持っていた。したがって、制作は独立系にまかせて、配給は大手が引き受けるという分業体制が1960年代を迎える前に確立していた。

　ではなぜ「インディペンデント」なのか？　端的に言えば、1960年代後半のインディペンデント・シネマは、映画産業がマーケット拡大のために創出した新ジャンルである。若年層の人口が急増した時期に、映画産業としては若者に受ける映画を作らなければいけないことは理の当然だった。若者に受ける映画を作ろうとすれば、自然とカウンターカルチャー的テーマを扱った作品となる。しかし、ハリウッドにはそういう映画を作れる人材が不足していた。したがって、外部の才能を活用したのがインディペンデント・シネマだった。スター俳優を配し、プロの脚本家がシナリオを書くという従来のビジネス・モデルではなく、若手俳優がいくぶん毒のある役を演じ、大団円では終わらないストーリーを特長とした新しいジャンルがインディペンデント・シネマだった。

　「インディペンデント」という語は、人間の性格について言うときには「大

人びた、自律した、体制に媚びていない」という意味をもち、社会的な文脈では「既存権力から距離を置いている」というニュアンスを持つので、反体制的なカウンターカルチャーを表すのにはふさわしい単語だった。「ヒッピー・シネマ」や「カウンターカルチャー・シネマ」では、直截すぎてジャンル名としてはふさわしくなかっただろう。「インディペンデント」は適度にあいまいで、適度に反抗的なニュアンスを醸し出すぴったりの語だった。

　一般に、インディペンデント・シネマでは、監督が自分で脚本を用意する。自分で書く場合もあるし、誰かに依頼することもある。脚本が出来上がってから配役を決める。無名俳優を使うのが普通で、監督は演出に関して俳優を自由に使えた。もし有名俳優を使えば既成のイメージ（たとえば、良妻役を多く演じてきた女優なら、そのイメージを壊すような演出は命じにくい）に縛られる必要もなかった。それから予算も限られていたので、スタッフも最小限の人数でいかざるを得ないことが逆に密な意思疎通を可能にし、現場での急なプラン変更もやりやすかった。

　『真夜中のカウボーイ』は、360万ドルの予算で、公開年に1,800万ドルの興行収入、さらにアカデミー最優秀映画賞を受賞した（他にも最優秀監督、最優秀脚本も受賞）。40万ドルの制作費で作られた『イージー・ライダー』は、公開年だけで1,900万ドルの興行収入をあげた。『俺たちに明日はない』は250万ドルの予算で、5,000万ドルの総収入（1973年時点）。『卒業』は300万ドルの予算で、総収益は1973年の段階で1億ドル。アカデミー賞で最優秀監督賞ほか幾つかの賞を獲得した[2]。いずれの映画も興行的成功を収めたことは、その名前から連想するのとは違い、インディペンデント・シネマはすでにメジャーたるジャンルの地位を獲得したことを意味する。インディペンデント・シネマは、ハリウッドが失って久しかった中流階級の観客を再び映画館に呼び戻した。しかも、10代、20代という人口の厚い層を呼び戻した。1969年の時点では、映画に行った人口の約半分が16歳から24歳だという統計があるほどである[3]。

第6章　インディペンデント・シネマに描かれたヒッピー世代の挫折　115

反体制的な体制遵守としてのインディペンデント・シネマ

　反体制というレトリックを掲げる一方で、社会的に危険な存在にはならず、かつ資本主義システムの中で機能するという意味で、『イージー・ライダー』や他の映画は、まさにカウンターカルチャー的である。すでに述べたように、『イージー・ライダー』も『真夜中のカウボーイ』も、過激思想をまき散らして社会を混乱させるような映画ではなかった。反体制的ではあるが許容範囲内で、主人公たちはしかるべき運命に収斂された。

　論じた4つの代表的インディペンデント・シネマ作品が公開された1968年、1969年ごろのアメリカは、どこもかしこもヒッピーやカウンターカルチャーで盛り上がっていたわけではなかった。むしろ、局地的な現象だったと考える方が事実に近いだろう。局地的でありながら、カウンターカルチャーはメディアや文化産業によって全国的に知られることになった。インディペンデント・シネマは、カウンターカルチャーの価値観をアメリカ中流階級のテイストに合わせるような形で商品化した。実際にヒッピーになってボヘミアン生活を送ったアメリカ人はごく限られたが、ヒッピー的な価値観に対しては多くの中流階級のアメリカ人は賛同した。「賛同」が言い過ぎなら、少なくとも彼らは強い反感は持たなかった。ボニーとクライドのようなアウトロー的な生き方や、キャプテン・アメリカやビリーのように保守的アメリカ人の偏見の犠牲になってしまう生き方は、商品イメージとして流通した。

　変動の1960年代において、インディペンデント・シネマが成功した理由は何だったのか。それは「リベラルな保守」とでもいうべき政治文化的態度である[4]。社会で支配的な思想や生活様式と対立する要素を排除するのではなく、むしろ取り入れながら、作品としてパッケージングする力のことである。リベラルな要素は取り入れるが、相対的には保守・支配的な力が勝るというバランスのかかり具合である。『イージー・ライダー』で、主人公のヒッピー2人が、最後には「良識を持つ」アメリカ人に殺されたり、『真夜中のカウボーイ』で、ジゴロ気取りのテキサス男が改心することで、保守的な社会的力学が最後には勝利を収めるというストーリーに現れている。

まとめ

映画産業は1960年代、従来の製作システムが時代遅れになり、娯楽の王者の地位が揺らぎつつあることに危惧した。生き残り策として、新しい観客層である若者にあわせたインディペンデント・シネマというジャンルを作った。インディペンデント・シネマが想定した客層は、ハードコアのヒッピーというよりは20代前半の中流階級だった。ねらいは見事に当たり、好調な興行収入を記録した。ヒットした理由は、ストーリーやテーマの同時代性によるところが大きかった。カウンターカルチャー的なテーマは社会の中核をなす中流階級にもアピールすることを、インディペンデント・シネマの成功は物語った。

注

1) Ronald L. Davis, *Celluloid Mirrors: Hollywood and American Society Since 1945* (New York: Harcourt Brace, 1997), 63.
2) David E. James, "The Movie Are a Revolution: Film and the Counterculture," in *Imagine Nation: The American Counterculture of the 1960s and '70s*, eds. Peter Braunstein and Michael William Doyle (New York: Routledge, 2001), 299.
3) Davis, 109.
4) Kenneth J. Bindas and Kenneth J. Heineman, "Image is Everything?: Television and the Counterculture Message in the 1960s," *Journal of Popular Film and Television* vol.22 (1994), 23.

第7章

タイプライターで体制を揺さぶる
―― ニュー・ジャーナリズムの誕生

　1960年代半ばごろから、従来のジャーナリズムとは質を異にしたジャーナリズム作品がアメリカの主流雑誌に掲載されるようになった。これまでのジャーナリズムでは、客観性が最重要視され、第三者の視点で執筆することが当然視された。取材対象に対しては、個人的意見や主観による記述を排し、三人称で事実を事実として読者に伝えることが従来のジャーナリズムの基本姿勢だった。ところが、1960年代半ばに現れたニュー・ジャーナリズムは、執筆者の主観を盛り込みながら取材対象を描くスタイルを採用した。ライターは想像力を駆使し、しばしば一人称で社会的事象に切り込んでいった。いわば小説のようにノン・フィクションを執筆したわけである。実際、ニュー・ジャーナリズムの最高傑作との誉れ高い1966年の『冷血』（*In Cold Blood*）の作者トルーマン・カポーティ（Truman Capote）は、まだニュー・ジャーナリズムという用語が確立していない時期に、自らの作品をノン・フィクション・ノベルと呼んでいた。

　ニュー・ジャーナリズムという用語が定着したのは1970年代始めのことである。名付け親はトム・ウルフである。ケン・キージーとともに、ニューヨークにバス旅行した経験や、サンフランシスコのLSD文化を『クール・クールLSD交感テスト』に著した作家である（第2章参照）。ニュー・ジャーナリズムの定義についてウルフは、「小説のように読めるが小説ではなく、事実を元に書かれているが、それ以上のものを求めて書かれており、ルポルタージュと同じように信頼できる」とした[1]。

　ニュー・ジャーナリズムの作品を書いた作家は多岐にわたるが、大きく2

つに分けることができる。1つ目は、小説家としてすでに評価を得ていた作家がニュー・ジャーナリズムの手法を用いて作品を発表した場合である。カポーティの他にメイラーがいる。ウルフが言うように、ニュー・ジャーナリズムには小説的想像力が要求されるので、カポーティのような一流の小説家がニュー・ジャーナリズムを手がけたのは自然である。2つ目は、大手雑誌媒体に寄稿していたジャーナリストが、ニュー・ジャーナリズムのスタイルで作品を書き評価を得たケースである。ゲイ・タリーズ（Gay Talese）、ハンター・トンプソン（Hunter Thompson）、ジョアン・ディディオン（Joan Didion）などがいる。ウルフもこの範疇に入る。

　ニュー・ジャーナリズムはけっしてカウンターカルチャーのための記述スタイルではない。たとえば、タリーズのもっとも知られた作品『汝の父を敬え』（Honor Thy Father）はニューヨークのマフィア父子について書かれ、カポーティの『冷血』はカンザス州の田舎で起きた一家殺人事件について書かれた。これらの題材はカウンターカルチャーとは直接関係がない。カウンターカルチャーを取り上げたニュー・ジャーナリズム作品にしても、必ずしもこの新しい文化を賞賛したわけではない。カウンターカルチャーをどう評価するかは作者に委ねられていた。さらに、ニュー・ジャーナリズムはカウンターカルチャー内部から生まれたのでもなかった。たしかに、後述するトンプソンやウルフの作品のように、カウンターカルチャーに斬り込んだ作品によってニュー・ジャーナリズムが広く知られるようになったことは否定できない。しかし、ニュー・ジャーナリズムはむしろ、メインストリームの雑誌から生まれた。ニュー・ジャーナリズムとして今日に至るまで高く評価されている作品の初出を調べると、ほとんどは大手雑誌に掲載されたか、大手出版社から単行本として発表されたという事実がそれを裏付ける。ヒッピー・シーンを描いたウルフの『クール・クールLSD交感テスト』にしても、それらの一部は一般商業誌に掲載されたのちに単行本として発行された。単行本として発表された作品はしばしばベストセラー入りした。つまり、広範な読者がニュー・ジャーナリズム作品を読んだ。

　ニュー・ジャーナリズム作家たちの一部はヒッピーに関心を持ち執筆対象

第7章　タイプライターで体制を揺さぶる──ニュー・ジャーナリズムの誕生　119

にはしたが、彼ら自身はヒッピー・シーン出身ではなかった。これは年齢的な理由が大きい。カポーティ（1924年生まれ）もタリーズ（1932年生まれ）も、彼らをヒッピーに分類することは無理がある。メイラーはカウンターカルチャーと関わりを持ったが、ヒッピーと呼ぶには歳をとりすぎていたし（1923年生まれ。1965年の時点で42歳）、ウルフ（1931年生まれ）やトンプソン（1937年生まれ）にしても、カウンターカルチャー世代には属していなかった。

　カウンターカルチャーとは、本書で定義するところでは、体制にまっこうから対抗したのではなく、体制内において体制に対抗することで体制に影響を与え、やがて主流となる過程を意味する。あるいは、主流とまでは言い切れないにしても、体制内で一定の理解、一定の存在感を得られた文化的・思想的様式を指している。この意味で、ニュー・ジャーナリズムはまさにカウンターカルチャー的なのである。カポーティ、メイラー、タリーズ、ディディオン、ウルフその他のライターたちは、既成の文学界やジャーナリズム界でキャリアを積んだのちに、ニュー・ジャーナリズム作品を同時多発的に発表して、ジャーナリズムの景色を変えた。以下では、ニュー・ジャーナリズム興隆の中心的役割を果たしたライターたちとその作品を紹介しながら、ニュー・ジャーナリズムの特徴を考察してみたい。

ハンター・トンプソン『ヘルズ・エンジェルズ』

　1966年に『ヘルズ・エンジェルズ』（*Hells Angels*）を上梓したトンプソンは執筆当時サンフランシスコに住んでいた。彼は『レポーター』『ザ・ネイション』という全国に流通される雑誌だけでなく、フリー・スピーチ運動（1964年にカリフォルニア大学バークリー校で始まった学生運動。主な抗議の対象は大学の管理体制とヴェトナム戦争）の広報誌だった『スパイダー』というアンダーグラウンド系雑誌に寄稿していたので、ベイエリアのカウンターカルチャーの事情には詳しかった。ヘルズ・エンジェルズとは、1950年代はじめにカリフォルニア州で設立されたオートバイ愛好家組織で、トンプソンは小説家キージー（第2章参照）との親交がきっかけでヘルズ・エンジェルズと交流を持つことになった。

トンプソンは約1年にわたるヘルズ・エンジェルズへの取材をもとに『ヘルズ・エンジェルズ』を書き上げた。同書はヘルズ・エンジェルズを手放しで賞賛した本ではない。どちらかといえば、このオートバイ集団を冷淡、批判的に描いた。ヘルズ・エンジェルズのメンバーは労働者階級出身というだけでなく、無法者、酒好き、女好きの集まりで、中・上流階級の家庭で育ったヒッピーたちとは違っていた。にもかかわらず、LSDもたしなむし、キージーほかのヒッピーたちとも（一時的ではあったが）仲良くつきあい、カウンターカルチャーの風景に妙に溶け込んでいた集団だった。ロック・コンサートではしばしば警護の役割を買って出た。しかし、ヘルズ・エンジェルズは反戦運動に精を出したのでもなければ（むしろ戦争を支持した）、ロックが特別好きなわけでもなかった（ロック・コンサートの警護をしたのは、報酬としてビールが飲めたからだった）。

　ヘルズ・エンジェルズは警察沙汰になることがしょっちゅうだった。トンプソンが単行本として『ヘルズ・エンジェルズ』を執筆するきっかけとなった寄稿（『ザ・ネイション』誌に掲載）は、1965年5月のエンジェルズによる少女暴行事件についてだった。犯罪に手を染めるメンバーがいる集団ではあるものの、トンプソンはエンジェルズと出会った最初は、この集団をアメリカの個人主義の伝統を汲んだ集団だと好意的に考えていた。しかし、彼らを取材していくにしたがって、トンプソンは考えを変えた。ヘルズ・エンジェルズは豊かなアメリカから経済的に疎外された集団で、そのことに不満を募らせる形で極端な反社会性を身にまとっているのだとトンプソンは考えるようになった。要するに、男たちが、揃いの衣装でオートバイを乗り回して虚勢を張っているにすぎなかったのである。そうせざるを得ないのは、彼らは十分な教育を与えられておらず、高度な技術・知識を求められる現代資本主義システムからは必要とされなかったからだったというのがトンプソンの分析である。

トム・ウルフ『クール・クールLSD交感テスト』

　1968年に発表されたウルフの『クール・クールLSD交感テスト』は、キージーと彼の仲間メリー・プランクスターズを中心に、サンフランシスコのド

ラッグ文化を記した。ニューヨークまでLSD漬けのバス旅行や、サンフランシスコで定期的に行ったLSDパーティー、1966年10月のLSD非合法化の際に行ったLSD卒業パーティー、そして1967年のヒューマン・ビー・インなどの様子が克明に描かれている。ウルフは、キージーとプランクスターズの関係を教祖と使徒の関係に見立てて、LSD体験を宗教的儀式として考えた。カリスマ性をもつキージーのもとに多くの信奉者が集まり、LSD体験をつうじて超越的忘我の境地に達しようとしたのがキージーの提唱するLSD文化であるということをウルフは書いている（第2章参照）。

　ウルフのLSD文化に対する見方は両義的であった。LSDの摂取そのものについては、ウルフは慎重な書き方をしている。キージーたちがLSDをつうじてやろうとしていた凡庸を超越しようとする冒険心や芸術性には一目を置く一方で、はたしてそれが実社会にどんな好影響を与えるのかについては、ウルフは懐疑的であった。LSDで個人を解放するのはいいが、いったいそれが人種差別や経済発展に取り残された貧困層の救済に繋がるのだろうか、とウルフは疑問を投げかけた[2]。

　『クール・クールLSD交感テスト』の中で、ウルフはカウンターカルチャー世代を The Probation Generation と辛辣に表現している。probation とは、就労における試用期間の意味を持つ語だが、法律用語では保護観察、仮釈放の意味、あるいは学校などで非行生徒に課する謹慎期間といった意味もある。ヒッピーたちはまさにそういった状況に置かれているというのがウルフの解釈である。いずれ資本主義の社会のシステムに組み込まれ、国家のために経済的な責任を負うことになる若者たちが、一時的に社会的責任から放免されている状況を probation で言い表した。

ジョアン・ディディオン「ベツレヘムに向かってだらだらと」

　サマー・オブ・ラヴとして全国にヒッピーたちの様子が報道された1967年夏、ディディオンの書いた「ベツレヘムに向かってだらだらと」（"Slouching Towards Bethlehem"）と題された記事が『サタディ・イヴニング・ポスト』誌に掲載された[3]。彼女は、ヘイト・アッシュベリー地区でヒッピーたちを取

材して、彼らの生活実態や意識を聞き出した。ディディオンの記事には最初から最後まで不吉感が漂う。13ページにわたる記事はヒッピーたちをかなり批判的に書いた。日雇い労働でかろうじて生計を立てるヒッピー、LSDで一日中ラリっているヒッピー、ディーラーとしてLSDを売るヒッピー、瞑想にふけるヒッピー、自分探しと称してさしたる目的もなくほっつき歩いているだけのヒッピーの様子が7枚の写真とともに紹介されている。記事中のヒッピーたちはほぼ全員が実名で登場するが、仮名のヒッピーが1人だけ登場する。ほとんど生活費を使わず生きているこのヒッピーにDeadeyeという名を与えていることからも、ディディオンがヒッピーたちをどう評価しているかが見てとれる。

　ディディオンが描いたヒッピー・シーンは殺伐としていて、終世感すら漂わせている。ウルフが『クール・クールLSD交感テスト』で書いたような恍惚感は見当たらない。英文学に詳しい読者なら、彼女がタイトルとして使ったSlouching Towards Bethlehemはアイルランドの詩人イェーツ（William Butler Yeats）の有名な作品"The Second Coming"からの引用であることに気づくだろう。アポカリプスを連想させるイェーツの詩と1960年代終わりのサンフランシスコの一角の様子をダブらせたディディオンは、上の世代はヒッピーたちに対して世の中の決まりを教えるのを怠ったのだと書いている。

ニュー・ジャーナリズムの文体

　従来のジャーナリズムは、事実を羅列するだけの新聞記事を引き延ばしたような記事、「幸せな家庭を築く10の方法」のようなノウハウ記事、あるいは専門家が講義調で解説するような記事が主体だったが、読者はだんだんそういう記事には飽きを感じ始めた。1960年代はアメリカが大きく揺れ動いた時代だった。キューバ危機、ヴェトナム戦争、公民権運動、ケネディ兄弟の暗殺、キング牧師の暗殺、ベビーブーマー、アポロの月着陸、学生運動……。カウンターカルチャーもその中の重要な1つである。時代の転換期にあって、さまざまな事件や社会的現象を理解するには、事実の羅列や理論然とした記事では腑に落ちない感覚を読者は味わった。ライターの主観を押し出し、小説のような

第7章　タイプライターで体制を揺さぶる——ニュー・ジャーナリズムの誕生　123

記述をするニュー・ジャーナリズムは、あたかも読者が現場を目撃しているような感覚を与えた。特に、主要人物の心理描写を読むことは、従来のジャーナリズムでは経験できなかったことだ。

　ウルフやトンプソンの単行本、ディディオンの『サタディ・イヴニング・ポスト』誌へのレポートも、従来のジャーナリズムとは一線を画していた。彼らの最大の特徴は、第一人称で文章を書くことだった。ジャーナリズムの世界では、記事に客観性を与える目的で、三人称で書くのが普通だった。ところが彼らは「私（I）」を主語にして、自分自身を取材対象者と同じレベルに配置した。彼らは人物描写だけでなく、情景描写もまるで小説のように書いた。読む方としては、まるで小説のような感覚で読める。主観を混ぜるわけだから、若干の誇張や著者の思い込みが入ることはあるにせよ、まったくの作り話ではないので事実として読者は読む。

　文体の面では、ニュー・ジャーナリズムの作家たちは必ずしも型破りな英語を書いたわけではなかった。トンプソンやディディオンにしても、このあと論じるカポーティやタリーズにしても、平均水準の英語読解力のあるアメリカ人なら難なく読める英語で書いた。文学作品ではなく、一般読者向けに書かれたノン・フィクションであるから当然と言えば当然なのかもしれない。彼らの発表媒体は知的階級が読む高級雑誌だけではなく、『ライフ』や『サタディ・イヴニング・ポスト』のような一般大衆向けの雑誌が多かったからだ。

　例外を挙げるとすれば、ウルフの『クール・クールLSD交感テスト』である。LSD体験時の精神状態を記述する必要から、擬音語の多用、コロンやカンマなどの記号文字の変則的使用など、伝統的ジャーナリズムでは許されないような書き方をした。たとえば、"That's no black Maria shhhhhhhhuffling [shuffling] up the stairs outside" や "ne-e-e-ed [need] some-body" のように同じ文字を連続させたり、"Where--where--in the lime :::: light :::: and the neon dust" のようにコロンを連続して使ったりした[4]。とはいっても、これらの変則的用法はたまに使われる程度で、毎頁出てくるのではない。全体としては、これら変則用法は読者の理解を妨げるほどではない。

ニュー・ジャーナリズム作家のキャリア形成

ウルフはヴァージニア州で生まれ、同州内の大学を卒業後、イェール大学大学院アメリカ研究科に進んだ。博士論文は1930年代の左翼系作家についてであった。イェール大学大学院卒業後は『ワシントン・ポスト』紙の専属ライターを皮切りに、『ニューヨーク・ヘラルド・トリビューン』紙、『エスクワイヤ』(*Esquire*) 誌などへ寄稿するようになり、ライターとしてのキャリアを積んだ。これらの媒体に発表したエッセイをまとめた初の単行本 *The Kandy-Kooled Tangerine-Flake Streamline Baby* が1965年に刊行された。2冊目の単行本も、各種媒体に書いたものをまとめた *The Pump House Gang*（1968年）だった。『クール・クールLSD交感テスト』は第3作目である。

ディディオンはサンフランシスコ郊外のサクラメントという町で生まれた。カリフォルニア大学バークリー校（米文学専攻）を1957年に卒業したあと、ニューヨークで女性ファッション誌『ヴォーグ』(*Vogue*) のキャプション担当として働き始めた。雑誌作りに関わる一方で小説も書き、1963年に処女作を出版した。その後、結婚を機にサンフランシスコに戻った。1965年ごろからは『サタディ・イヴニング・ポスト』や『ホリデイ』といった大衆向けの老舗雑誌に寄稿するようになった。1968年には、これまで各種媒体に書いた文章（「ベツレヘムに向かってだらだらと」を含む）を1冊にまとめた単行本が出版された。

トンプソンは1937年にケンタッキー州最大の都市ルイヴルで生まれた。高校の頃からものを書くことに興味を持ち、同好会で原稿を書いていた。高校卒業後は空軍に入隊した。フロリダ州で兵役任務する傍ら、彼はフロリダ州立大学の夜間コースに通った。除隊後は、ペンシルヴァニア州の小さな町の新聞社でスポーツ記事を担当したが、すぐに辞めてニューヨークに移った。彼はG. I. ビルを利用して、コロンビア大学のクリエイティブ・ライティングの講座を受講した。この頃、小銭稼ぎとして『タイム』誌でアシスタントとして働いたが、じきに職務不服従で解雇された。次は、ニューヨーク市郊外の小さな町の新聞社で仕事を見つけたが、ここでも新聞社のスポンサーと喧嘩をして解雇された。1960年、プエルトリコに移住したトンプソンはスポーツ紙に職を得

第7章 タイプライターで体制を揺さぶる——ニュー・ジャーナリズムの誕生

た。すぐに廃刊の憂き目を見たのだが、そこで懇意になったアメリカ人の紹介で、『ニューヨーク・ヘラルド・トリビューン』紙の特派員になり、食い扶持を確保した。翌年ニューヨークに戻るなり、ヒッチハイクでカリフォルニア州に行った。渡り鳥のような生活を続けていたが、執筆作業は継続しており、この時期に2つの小説を書き上げた。しかし、掲載してもらえる媒体は見つからなかった。1カ所に落ち着くことのないトンプソンは、1962年から1963年は『ナショナル・オブザーバー』という雑誌の特派員としてブラジルに赴いた。1964年はコロラド州とカリフォルニア州を行ったり来たりの生活をしていた。

転機が訪れたのは1965年だった。全国的に有名な高級誌『ザ・ネイション』から、ヘルズ・エンジェルズについて執筆依頼が来たのだ。トンプソンの記事は他の雑誌編集者たちの目にとまり、多くの雑誌から執筆依頼が舞い込んで、最終的にヘルズ・エンジェルズの単行本執筆のオファーに繋がった。人気ライターには当然、執筆依頼が舞い込む。カウンターカルチャー関連では、トンプソンは『ニューヨーク・タイムズ』日曜版からサンフランシスコのヒッピーについて依頼を受け、「ハッシュベリーはヒッピーの都」("The Hashbury is the Capital of the Hippies") というルポルタージュを書いた（1967年5月14日号）。もっと硬いテーマでは、大衆向けの月刊誌『ページェント』(*Pageant*) からニクソン大統領候補へのインタビューを依頼された（"Presenting: The Nixon Doll" 1968年7月号）。

順調にキャリアを積んだウルフやディディオンにしても、放浪の傍ら職を転々としたトンプソンにしても、彼らが寄稿した媒体はアンダーグラウンド系ではなく、メインストリームの雑誌が多かった。このことは、彼らはヒッピーなどの特定層に向けて書いたのではなく、広い読者層に向けて執筆したことを意味する。また、トンプソンや他の2人にしても、彼らから出版社に原稿を持ち込んだのではなく、出版社のほうから執筆を依頼してきた点も重要である。ウルフやトンプソンのような新しいスタイルのジャーナリズムを出版社が欲していたのである。

『ヘルズ・エンジェルズ』も『クール・クールLSD交感テスト』も、十分すぎるほど売れたという事実は重要である。単行本『ヘルズ・エンジェルズ』の

抜粋が『エスクワイヤ』誌 1967 年 1 月号に掲載され、その後のハードカバー版とペーパーバック版合わせて、発売後 3 年で 80 万部が売れた。それから、ウルフの『クール・クール LSD 交感テスト』は出版と同時に、『ニューヨーク・タイムズ』のベストセラー・リストに約 20 週間ランクインした。

　ニュー・ジャーナリズムの作家たちが執筆の対象にしたのはカウンターカルチャーやヒッピーだけではなかった。たとえば、1974 年に出版されたニュー・ジャーナリズムの代表的作品を収録した *The New Journalism: A Historical Anthology*[5] を見ると、10 のテーマに分かれていて、1 テーマにつき 4 本、合計 40 本（実数で 40 人）の作品が収録されている。10 のテーマとは、人種問題、ヴェトナム戦争、カリフォルニア州の葡萄ボイコット（注：1965 年、フィリピン系やメキシコ系移民で構成される葡萄栽培労働者組合が連邦政府の定める最低賃金を要求してストライキを起こした。係争が 5 年に及んだ）、コロンビア大学の学生紛争、ロバート・ケネディ暗殺、アポロ 11 号の月着陸、ウッドストック、ワシントンのデモ行進、フェミニズム、1972 年の大統領選である。ちなみに、この 40 人にはウルフとトンプソンが含まれている。どこまでがニュー・ジャーナリズムで、どこからが旧来のジャーナリズムかという線引きの問題はあるにせよ、1970 年前後の重要な社会事象をニュー・ジャーナリズムの手法で、アメリカの読者に届けたわけである。

ゲイ・タリーズ『汝の父を敬え』

　タリーズの『汝の父を敬え』(1970 年) は、実在したニューヨークのマフィア一家を描いた。時代は 1960 年代半ばである。1961 年大統領に就任したジョン・F・ケネディは、司法長官に弟のロバートを任命した。ロバートはマフィア一掃を重点課題の 1 つに掲げた。これまで警察から見て見ぬふりをされてきたおかげで勢力を拡大してきたマフィアは、摘発に次ぐ摘発の憂き目を見ることになった。タリーズは、ニューヨークで一大勢力を誇っていたボナンノ家の親子（父ジョセフと息子ビル）に焦点を当てて、2 人の等身大の姿を描こうとした。

　1960 年代のマフィアの物語と聞いて、私たちが真っ先に思い出すのはフラ

ンシス・コッポラ監督の映画『ゴッド・ファーザー』（1972年公開）だろう。マフィア同士の無慈悲な抗争シーンと、マーロン・ブランドとアル・パチーノ演じるマフィア親子の世代的な確執を見事に表現した同作品は、映画史上の最高傑作とされている。原作となったマリオ・プーゾの同名の小説（1969年）を読んでも、血を血で洗う抗争シーンや、親子の確執を通じて浮かび上がるイタリア系アメリカ人としての民族アイデンティティの崩壊に、私たちは魅了される。

　しかし、『ゴッド・ファーザー』のようなスリルを期待して『汝の父を敬え』を読むと見事に裏切られる。『ゴッド・ファーザー』さながらのハラハラドキドキのシーンもあるにはある。たとえば、『汝の父を敬え』はボスのジョセフがマンハッタンのホテルで何者かに誘拐されるシーンで始まる。いかにもマフィア本らしい不吉な予感のする書き出しなので、読者は思わずこの先に『ゴッド・ファーザー』的な展開を期待してしまう。それから、『汝の父を敬え』には親子の世代的確執も描かれている。ニューヨークで生まれた息子のビルはアメリカ南西部のアリゾナ大学で勉強したので、外の世界も十分知っている。父のジョセフのような叩き上げで組織のトップに上り詰めたタイプではない。世代間格差は『ゴッドファーザー』でおなじみのテーマなので、マフィアという特殊な世界における親子の確執の行方を『汝の父を敬え』にも期待してしまう。

　だが、抗争シーンや親子の確執に対する期待は、読み進めるにつれて尻すぼみになる。代わりに読者が読むのは、息子ビルの身の回りに起こる「ちまちまとした」事柄である。たとえば、妻とのすれ違いの生活をどう軌道修正すればいいのか悩んだり、子どもの教育方針で妻と意見が食い違うといったような、どこにでもいる平凡な夫婦に起こるようなことに、こともあろうかマフィアの跡取りが悩んでいるのである。

　特殊な世界の住人が、煩悩に支配される庶民よろしく、子供の教育や妻とのすれ違いに悩んでいることを知った読者は、マフィアというイメージに対して幻滅を覚えることになる。しかし、一方では、たとえマフィアのボスであろうと、ごく普通の出来事が起きていることをタリーズは示したのである。一家の

主という観点から見れば、マフィアとて特別な世界ではない。ようするに、タリーズの書いたマフィアは、特別な世界の出来事ではなく、マフィアという職業を選んだ、というよりそれしか選びようがなかった人間たちの葛藤を描く心理ドラマだった。

　ビル・ボナノの俗人化に貢献したのはタリーズの取材方法だった。従来のマフィアもののルポルタージュ作家が資料として用いたのは、新聞記事、警察発表資料、それに警察関係者やマフィア関係者への取材などだった。タリーズもこれらの伝統的な資料を用いたが、彼の主要資料は当の本人からの聞き取りであった。タリーズは何度もビル・ボナノ本人に会いに行って話を聞いたのである。もちろん、出版することを前提として。容易に想像がつくが、こういうやり方には互いの信頼関係が欠かせない。でないと、ボナノは心を開いて話してくれないし、最悪の場合は彼の手下がタリーズを消してしまうかもしれない。それから、いくら襟を開いて語ってくれたとしても、相手は暗黒組織の元締めであるから、犯罪の詳細についてペラペラ喋ってくれるはずはない。だから、タリーズは信頼関係を築きながら、マフィアのリーダーとしてのビルではなく、1人の男としてのビルにインタビューを重ねたのである。その結果、ビル・ボナノをマフィアのリーダーとしてではなく、組織を統率しながら、家族を持つ1人の男として、その私生活を描くことに成功した。

トルーマン・カポーティ『冷血』

　『遠い声　遠い部屋』『ティファニーで朝食を』などの作品で、小説家としてすでに評価を得ていたカポーティは、1959年にカンザス州の小さな町で起こったクラッター氏一家4人の殺人事件をもとに『冷血』を書いた。まず高級週刊誌『ニューヨーカー』に4号連続で抜粋が掲載された（1965年9月から10月）。記事の反響はものすごく、雑誌は過去最高の売り上げを記録した。翌年ランダム・ハウス社から単行本が出版された。単行本の売り上げも記録的だったことは言うまでもない。

　『冷血』の第一部は、殺人事件を扱った作品らしく、殺害現場となったクラッター邸の描写や、特に動機の見当たらない2人組の犯人の不可解さが中心

に描かれている。読書感としては、おぞましく不気味な感覚を持つだろう。しかし第二部以降は調子が変わる。犯人を突き止める刑事、不幸に襲われたクラッター家の人たち、犯人であるディックとペリーの生い立ちや家族関係が密に描かれる。第一部でみせた不気味さや残忍な描写はほとんど現れず、カポーティは登場人物たちの生い立ちや心理に焦点を当てる。クラッター家のように絵に描いたような幸せな家族と、不幸に次ぐ不幸をくぐり抜けてきた犯人たちの家族の対比はとりわけ見事である。

『冷血』はどのように読まれるべきなのだろうか？ 探偵小説のように、誰が犯人なのかに注目しながら読むことはできそうにない。なぜなら、当時の読者の大半は新聞報道などですでに犯人を知っているのだから。読者は『冷血』にディックとペリーが登場した瞬間から、この２人が犯人であることを念頭に読み進める。したがって、読者の関心は、この犯人たちの犯行前後の行動や、彼らの生い立ち、それからクラッター家の人たちの短かった人生を知ることに向けられる。

見方を変えて、『冷血』をして、法の手で悪人を厳正に裁く社会正義の物語であるとか、逆に、貧困などの環境がディックとペリーのような犯罪者を生み出したのだという自然主義的ヒューマニズムの物語として読むことは可能だろうか？ 残念ながらどちらの読み方にも無理がある。『冷血』は、ディックとペリーが別件で逮捕されたことから足がついてしまい、処刑されるところで終わるのだが、この点だけをもって社会正義の物語だと言うのはやや強引すぎる。事実としてディックとペリーが処刑されたことに議論の余地はないが、だからといってカポーティは社会正義を訴えたいがために、言い換えれば、「犯人憎し！」の思いだけで本作を書いたとは思えない。なぜなら、カポーティは、クラッター家の関係者や町の住民たちに、犯人に対する怒りを声高には言わせていない。それから、自然主義的ヒューマニズムとして読むこともやはり無理がある。犯人の２人はたしかに自らの境遇について不満をぶちまけているが、カポーティはこの２人の境遇から社会的教訓や特定の政治思想を導き出そうとしているわけではない。たしかに、彼らは恵まれない家庭環境で育ってきた。しかし、クラッター氏一家を殺害しなければいけない動機のようなものが

でてこない。最後まで読んでも、情状酌量の余地があるような記述は出てこない。

　カポーティはかなりの頁を犯人2人の記述に割く。作者カポーティ自身の恵まれない生い立ちを知る読者なら、カポーティの心情はむしろ犯人のペリーやディックのほうに傾いているのではないかとさえ思わせるほど、カポーティは犯人2人の生き様や家族との断絶について頁を割く。通常のノン・フィクションなら非道者として描かれる人物に、カポーティは救われない運命を背負った個人として切り込んでいく。もちろん、犯罪を肯定しているわけではない。カポーティは、犯罪者としてのディックとペリーではなく、社会的に虐げられた人間としての彼らに関心を寄せている。

ノーマン・メイラー『夜の軍隊』

　メイラーは、1967年10月にワシントンの国防総省で反戦デモを企画した経験を1968年出版の『夜の軍隊』（*The Armies of the Night*）にまとめた。同デモは数千人の学生がまず司法省に集まり、5日後には国防総省に行進した大規模デモだった。『夜の軍隊』は、第三人称の視点でメイラー自身を主人公にして書かれた。通常なら「私は」と書くところを、「ノーマン・メイラーは」という三人称で記述したのである。

　『夜の軍隊』は二部構成である。「第一部・小説としての歴史」はデモ行進の詳細を主観的描写中心に描いた。メイラー自身は第一部について、小説として書いたが事実には忠実だと言っている。「ノーマン・メイラーは」という主語の立て方が奇異な印象を与えること以外は、文体や執筆の視点などの特徴はここまで検討してきた他のニュー・ジャーナリズムの作品と同じであるといってよい。「第二部・歴史としての小説」はやや色合いが違う。メイラー自身によると、新聞記事や証言などをもとに伝統的ジャーナリズムあるいは歴史学的手法で書いてみたが、それだけでは国防総省へのデモ行進の真実性がうまく説明できないとし、小説家の本能も使ったと言っている。

　どういうことか？　入手する情報が当てにならないからである。新聞記事などの情報源そのものが信頼できないとなると、ジャーナリストは何を頼りに書

けばいいのか。メイラーはここで大きな問題を投げかけている。メイラーは、大手メディア、大企業、警察、政府などが出す情報を鵜呑みにできないと言っているだけでなく、そういう種類の情報をいくら積み上げても真実は見えてこないことを『夜の軍隊』第二部で示したのだった。だから、個人の想像力を駆使する必要があった。本来、権力を監視する役割を持つはずのメディアが、実は権力の都合のよいままに操られているのではないかという疑念を払拭するには、小説家としての想像力を使う必要があった。メイラーにとってニュー・ジャーナリズムは、このようなメディアの不満に対する解答だったと言える。真実にたどりつけるのは、最終的には個人の想像力なのだと。

『夜の軍隊』は、多くの書評で好意的に取り上げられた。そして、1969年度の全米図書賞とピューリッツアー賞というジャーナリズム最高峰の賞を同時受賞するという快挙を成し遂げた。これは、1960年代半ばに突如現れたような感のあるニュー・ジャーナリズムは、1960年代終わりにあってすでにジャーナリズムの主流となったことの象徴である。既成ジャーナリズムへの不信を前提にしたニュー・ジャーナリズムが、ジャーナリズムの本流に斬り込んだのだった。

当時30歳を超えていたにもかかわらず、1967年1月のヒューマン・ビー・インに講演者として招かれたことからも分かるように、メイラーはヒッピー世代から支持を受けた。「30を超えた人間は信じるな」というのがカウンターカルチャー世代の合い言葉だったので、これは例外中の例外であった。『夜の軍隊』で示した既成権力に対する不信感は、ヒッピーたちの問題意識と共通していた。メイラーは、1957年の「ホワイト・ニグロ」というエッセイで、早くからヒッピーの登場を予言していた。「ホワイト・ニグロ」でメイラーは、白人中流階級は社会的・物質的に恩恵を享受してきたぶん、人間の本質的な悦びや興奮といった実存的な意味を見つけられないことを指摘した。だから、白人中流階級にとって、黒人ジャズ・ミュージシャンが象徴するような即興性や快楽追求的な傾向を持つカウンターカルチャーは、体制批判として有効だとメイラーは考えたのである[6]。

『ローリング・ストーン』

　ニュー・ジャーナリズムは作家たちだけの努力で実を結んだわけではなかった。当然ながら、彼らは作品を発表する媒体を必要としたので、新しい執筆スタイルを理解してくれる雑誌の存在が不可欠だった。ニュー・ジャーナリズムを語るときに欠かせない雑誌として、『ローリング・ストーン』（*Rolling Stone*）と『ニューヨーク』（*New York*）の2つがある。前者は1967年創刊で、ロック音楽を中心に社会・文化事象に目配りをする雑誌としてカウンターカルチャー世代を主な読者層とした。後者は1968年創刊で、雑誌名が示すとおりニューヨークのタウン誌的な要素が強いが、時事的な記事も掲載し、全国に読者を持つ雑誌に成長した。両雑誌ともニュー・ジャーナリズムの手法で書かれた記事を定期的に掲載した。

　1967年11月に創刊された『ローリング・ストーン』は、サンフランシスコに編集部を置くロック音楽の雑誌であるという事実から、アンダーグラウンド雑誌として出発したような印象を持つかもしれないが、そうではなかった。『ローリング・ストーン』は最初から商業雑誌であった。

　商業雑誌とアンダーグラウンド雑誌を分かつ明確な基準はないが、大まかな目安として、誌面体裁、広告の種類、そして編集工程がある。カウンターカルチャー全盛期、ベイエリア界隈ではたくさんのアンダーグラウンド雑誌や新聞が発行されていたが、素人目にもすぐ分かるのが、誌面体裁の粗雑さである。文字の組み方や写真の配置などレイアウトに統一がとれておらず、視覚的に読みにくい欠点を持っていた。文字の組み方や写真の配置方法には一定のルールがあり、商業ベースの雑誌はそのルールにしたがって誌面構成を行う。それから、広告に目を向ければ、アンダーグラウンド雑誌では、地元の個人経営主からの出稿がほとんどで広告収入は微々たるものだった。商業雑誌では、広告はふつう大企業が出稿する。最後に、編集工程にも違いがあった。アンダーグラウンド雑誌ではファクト・チェックを始めとする編集作業を十分に行わない、あるいは人員不足で行えないことが多く、記事には信頼性に欠けるものが少なくなかった。そもそも、執筆依頼は編集者の個人的ツテにたよるのが普通だった。アンダーグラウンド雑誌では広告収入を当てにできず、原稿料がまともに

払えない経営状態なので、名の通ったライターに依頼することもできなかった。
　以上の3つの基準に照らし合わせると、『ローリング・ストーン』は明らかに商業雑誌に分類される。『エスクワイヤ』や『ニューヨーカー』のような老舗雑誌に負けず劣らず誌面レイアウトをほどこし、広告は大手レコード会社から取り、編集部はトンプソンほかの実力を持つライターに執筆依頼し、校閲などの編集体制を確立し、質のよい記事を掲載した。
　『ローリング・ストーン』を創刊したのは、ヤン・ウェナー（Jan Wenner）という19歳の若者だった。カリフォルニア大学バークリー校を卒業したあと、『ランパーツ』で編集者として働いていた。ロック雑誌を作りたいというウェナーの野心に理解を示し、実際に資金協力まで行った支援者がラルフ・グリーソンだった。当時48歳のグリーソンは音楽批評家として全国的に名を知られた人物だった。彼はヒッピー文化にも理解を示し、ウェナーとはロック雑誌の構想について、週刊誌『タイム』のようなプロフェッショナリズムと『ニューヨーカー』のような長文の読み物を中心にした先鋭的な記事を掲載するという方針で一致した[7]。『ローリング・ストーン』の成功は、グリーソンの後ろ盾が大きかった。グリーソンは広告獲得のためにレコード会社にかけあったり、優秀なライターを紹介したからだ。
　19歳のウェナーと48歳のグリーソンの世代を超えた関係は、ロック音楽、ひいてはカウンターカルチャーとは、けっして20歳前後の若者だけで実現した文化様式ではなかったことを示す。メイラーが1967年1月のヒューマン・ビー・インに演説者として呼ばれたのも世代を超えた連帯の一例である。1950年代のビート・ジェネレーションのギンズバーグやスナイダー（第5章参照）もヒューマン・ビー・インに呼ばれた。もうすこし歳は近づくが、ブランドやグラムなども、LSD文化（第2章参照）、コミューン（第4章参照）、環境運動、それにロック・ビジネス（第1章参照）に貢献したのと共通する。

『ニューヨーク』

　ニュー・ジャーナリズム誕生に大きく貢献したもう1つの雑誌『ニューヨーク』は、『ニューヨーク・ワールド・ジャーナル・トリビュート』という新聞

の日曜版として 1963 年に始まった。しかし 1967 年に本元の『トリビュート』紙が廃刊されることになり、編集者だったクレイ・フェルカー（Clay Felker）は権利を買い取って、日曜版を独立した雑誌として再出発させた。『トリビュート』紙時代の人脈を活用できたこともあり、『ニューヨーク』は 1968 年 4 月の創刊号からウルフを含むそうそうたる執筆陣が寄稿した。

　『ニューヨーク』の編集方針は、端的に言えば『ニューヨーカー』の反対を行くというものだった。『ニューヨーカー』は 1925 年創刊のアメリカを代表する高級雑誌で、よく言えば上品、知的だが、悪く言えばお高くとまっているという印象の雑誌である。そこで、『ニューヨーク』は高尚・通俗の境界を取り払うことをめざし、買い物情報も政治記事も載せた。

　初期の『ニューヨーク』でもっとも有名な記事は、レギュラー執筆者のウルフが 1970 年 6 月 8 日号に書いた "Radical Chic: That Party at Lenny's" である。ウルフは偶然から、指揮者のレナード・バーンスタイン（Leonard Bernstein）が開催したブラック・パンサー党義援を名目としたホーム・パーティーに潜り込むことに成功し、そこで見たことを書いた。クラシック音楽の大御所が、戦闘的な黒人団体を支援するという意外さは大いに反響を呼んだ。

　1925 年ミズーリ州で生まれたフェルカーは、デューク大学を卒業した 1951 年にニューヨークに行き、『ライフ』誌のスポーツ・ライターとして働き始めた。1961 年には彼はメジャー・リーグの野球選手について単行本も出すなど、ライターとして順調な滑り出しを見せた。編集者としてのフェルカーの名を知らしめたのが、1962 年にグロリア・スタイネム（Gloria Steinem）という女性ライターに書かせた避妊用ピルについての原稿だった。『ニューヨーク』の創刊は、その後のことだった。『ニューヨーク』ではスタイネムやウルフを執筆陣として迎え入れた。1972 年に編集長をスタイネムとした *Ms* というフェミニズム雑誌を立ち上げた。

　『ローリング・ストーン』と『ニューヨーク』は、創刊までの経緯を見ると、新興雑誌ではあるが伝統破壊的な色合いはほとんどなく、むしろジャーナリズムの体制内から生まれた要素が強いことがわかる。両雑誌とも、ニュー・ジャーナリズムの作家に作品発表の場を提供しただけでなく、リベラルな立場

からフェミニズムや反戦運動、あるいはブラック・パワーを支持した。両誌とも、ロック・ファン、ニューヨーク市居住者以外の購読者を獲得して商業的に成功したことは、アメリカ主流層の意識の変化を物語っている。カウンターカルチャー世代だけでなく、ジャーナリズム界のパラダイム革新、ジェンダー意識の変化、ブラック・パワーに見られた人種問題の新局面、そういった一切合切を1冊の雑誌に凝縮することで読者を獲得したのが、『ローリング・ストーン』や『ニューヨーク』だった。

　もちろん、ニュー・ジャーナリズムを歓迎した雑誌は『ローリング・ストーン』『ニューヨーク』だけではなかった。前述した1974年のアンソロジー *The New Journalism Anthology* に収録された40の作品の初出を調べると、他にも『ヴィレッジ・ヴォイス』『ランパーツ』などの新興系雑誌、『エスクワイヤ』『ニューヨーカー』『ハーパーズ』などの老舗雑誌、新聞では『ニューヨーク・タイムズ』『ワシントン・ポスト』となっている。また、知識人層を購読者に持つ書評専門の隔週誌『ニューヨーク・レビュー・オブ・ブックス』からも2つ選ばれている。すべて、大発行部数を誇る活字メディアである。

まとめ

　従来のジャーナリズムとニュー・ジャーナリズムの違いを一言で言えば、前者は事実の伝達を主目的にしたが、後者では事実の伝達に加えて、感覚・経験といった主観的内容の伝達を目指した。メイラー、カポーティ、タリーズ、ディディオン、ウルフ、トンプソンらニュー・ジャーナリズムの作家たちは、既存メディアでキャリアを積みながら、1960年半ばあたりから主観を取り入れる新しい書き方を試みるようになった。その動機は、客観性を重んじるばかりに事実の伝達に終始する旧態依然とした書き方では激動する現実を拾いきれないという現実認識だった。公民権運動、ヴェトナム戦争、反戦デモ、ケネディ兄弟やキング牧師など要人の暗殺、ヒッピーの登場、アポロの月面着陸、フェミニズム、ブラック・パワーなど、これまでになかった社会的変動が相次いで起こった時代に、事実だけを並べて著者が大上段から意見を述べる従来のジャーナリズムでは読者は満足するはずがなかった。そこで、彼らは取材対象

を小説のように記述することを試みた。ちょうど小説家が自身の想像力を駆使して作中人物の心理描写や情景描写をするように、ニュー・ジャーナリズムの作家たちは現実のアメリカに対して小説的アプローチで迫った。つまり、事実を小説的想像力で再構成する作業である。それがニュー・ジャーナリズムだった。

ジャーナリズム界に変化を欲したのは作家だけではなかった。出版サイドも同じことを考えていた。時代の変化に適応するために、また若年読者層にアピールするために、誌面刷新を試みていた主たる雑誌や新聞は、ニュー・ジャーナリズムを歓迎した。この気運に乗って、『ローリング・ストーン』や『ニューヨーク』などの新雑誌が創刊され、ニュー・ジャーナリズムの作品を掲載し人気を集めた。これらの新雑誌の立ち上げに貢献したウェナーやフェルカーは、既存の雑誌メディアで経験を積んでから新雑誌を立ち上げたという点で、やはりジャーナリズムの世界で経験を積んでいた作家たちの経歴と共通する。

客観性よりも感覚と経験を重視したニュー・ジャーナリズムの手法は、カウンターカルチャーの基本思想と通じる。自身の生を感じ経験するのが、カウンターカルチャーを作ったヒッピーたちの根本的な動機だった。ニュー・ジャーナリズムは、アメリカで起きている出来事を知るだけでなく、感じとり、経験するための技法だった。だから、小説のテクニックを必要とした。もし、カウンターカルチャーを中流階級的価値観に対する反抗精神の実践と定義するなら、ウルフらのニュー・ジャーナリズムは、まさしくジャーナリズム界のカウンターカルチャーだった。

注
1) ゲイ・タリーズ『汝の父を敬え』新潮文庫、1991年、あとがき
2) Marc Weingarten, *Gangs That Wouldn't Write Straight* (New York: The Three Rivers, 2005), 220.
3) Joan Didion, "Slouching Towards Bethlehem," *Saturday Evening Post* (September 23, 1967), 25-31, 88-94.
4) Tom Wolfe, *The Electric Kool-Aid Acid Test* (New York: Picador, 1968), 54, 202, 297.
5) Nicolaus Mills, *The New Journalism: A Historical Anthology* (New York: McGraw-

Hill, 1974).
6) ノーマン・メイラー「ホワイト・ニグロ」(メイラー全集5『ぼく自身のための広告』新潮社、1969年に所収)
7) Weingarten, 240.

第 8 章

パーソナル・コンピューターの黎明
―― 1970 年代に引き継がれたカウンターカルチャー

　現代の IT 社会はカウンターカルチャーの中から生まれた、と言えば意外に思われるかもしれない。これまでの章で述べてきたカウンターカルチャーのさまざまな側面を総合すると、カウンターカルチャーは非機械的、非文明的なものに価値を見いだす文化だと言えるからだ。大音量のサウンドと踊りで高揚感を味わうサイケデリック・ロック、意識の拡大を図る LSD、自給自足のコミューン、行きすぎた文明化の反省としてのエコロジー思想などが示すように、カウンターカルチャーの特徴は、物質文化や科学技術に対する懐疑心であったからである。カウンターカルチャーを理論的に擁護した心理学者ポール・グッドマンが 1969 年に、「科学は人々が予期したような形では幸福を生み出しはせず、強欲と権力に絡め取られてしまった」と述べたように[1]、科学が進歩すればするほど、人間にとっての幸福は遠のいていくという考えがヒッピーたちには浸透していた。

　科学の進歩の最たる象徴がコンピューターだった。当時コンピューターと言えば、企業が事務処理に使用する機械のことだった。それは会社の部屋一室を占有するほど大きく、専門知識を持った社員がつきっきりで管理していた。コンピューターが故障すれば業務が滞るさまは、まるで人間がコンピューターのしもべになったかのような印象を与えた。

　そういった時代に、大学の研究室にあったコンピューターに触ることのできた大学生たちがプログラミングに熱狂的な興味を示した。彼らの目的は業務処理ではなく、面白いゲームを作ることだった。いわば、遊びのためにコンピューターを使ったのである。1950 年代終わりのことである。1960 年代に入

第8章 パーソナル・コンピューターの黎明——1970年代に引き継がれたカウンターカルチャー

り、コンピューター関連の技術が進歩すると、業務用の大きなコンピューターではなく、個人用の小さなコンピューターを作れるのではないかと考える者が出てきた。純粋にコンピューター好きな若者たちは、趣味の道具を自分の家に置ければ便利だと思ったのだ。

同時に、彼らは、個人がコンピューターを持つことは、社会システムに対抗する強力な武器を手に入れることだと考えた。彼らの考えによると、テクノロジーの進歩それ自体が人間を不幸にするのではなく、政府や大企業がテクノロジーを独占していることが問題なのだった。個人がコンピューターを持てば、権力にやりこめられないための武器を手に入れることになる。個人でも買えるようなコンピューターを作れば、個人の幸福感を増す手段になり得るということを直感したのが、1960年代後半から1970年代前半に青春期を過ごしたコンピューター・ヒッピーたちだった。

今日のIT産業を築いたのは、カウンターカルチャー世代からはやや遅れて生まれてきたが、カウンターカルチャーの影響を受けて思春期を過ごした若者たちだった。すなわち、ビル・ゲイツ（Bill Gates マイクロソフト創業者）、スティーブ・ジョブズとスティーヴ・ウォズニアック（Steve Jobs, Steve Wozniak アップル・コンピューター共同創業者）、ダグラス・エンゲルバート（Douglas Engelbart マウスなどの発明者）、リー・フェルゼンスタイン（Lee Felsenstein 初の量産可能なポータブル・コンピューターの開発者）を始めとする多くの才気溢れる若者たちだった。彼らの多くはサンフランシスコ界隈で青春期を過ごし、やがて会社を興し、IT業界の発展に重要な貢献をした。

パーソナル・コンピューター（以下PC）が製品化されるのは1970年代後半なので、本書が扱うカウンターカルチャーの1960年代後半から1970年代前半という時代設定からは外れている。本章はしたがって1970年代後半のアップルやマイクロソフトの起業、他のITベンチャーの興隆にまつわる詳細には立ち入らない。代わりに、PCの黎明期である1960年代と1970年代前半に焦点を当てる。この十数年間は、1980年代のPC革命、1990年代のインターネット革命の基礎となる技術が開発、実用化された時期である。

本章はこの過程を詳述すると同時に、PCの発達に貢献したコンピュー

ター・ヒッピーたちが抱いていた考えは、本書で論じてきたカウンターカルチャーの各局面と共鳴していたことを論じていきたい。カウンターカルチャーは、一般に思われているような反権力文化運動という一言で片付けられるような単純な現象ではなかった。反権力的であると同時に、（本人たちがどの程度意識的であったのかはさておくとして）権力やアメリカの主流をなす価値観との親和性も持ち合わせていた。こういった側面は、ロック音楽やインディペンデント・シネマなどにおいても見られたことは、すでに論じた。PCの歴史は、ロックや映画などよりも、その二面性をもっとも如実に表しているかも知れない。1960年代のカウンターカルチャーで最高の遺産は、シリコン・バレーだったと言う研究者もいるほどである[2]。

なお、本章では「ハッカー」という語が使われるが、本来的には、有益なプログラムを書く能力を有したプログラマーのことを指す。本章で「ハッカー」と言うときは、この本来の意味で用いている。

ARPA、ARPANETの誕生

今日の社会基盤となっているインターネットやPCは、戦後の冷戦体制が生み出したものである。第二次世界大戦後、アメリカ国防省はソヴィエトの本国攻撃を想定して、コンピューター上に保存される重要情報を分散化するための研究を始めた。1カ所に情報を集中させておくと、そこを攻撃された場合に壊滅的な被害を受けるので、コンピューター同士をネットワーク化してリスクを分散しようとした。具体的な動きは1958年に始まった。前年、ソヴィエトが衛星スプートニク打ち上げに成功したことに脅威を感じたアメリカ政府は、国防省内にARPA（Advanced Research Project Agency）という機関を創設し、宇宙開発を含む軍事技術関連研究を推進するようになった。1960年代に入ると、宇宙開発部門はNASAに引き継がれることになるが、移転をきっかけとして、国防省は自らが保有する多数のコンピューターを使って、情報処理技術の研究を行うこととなった。次いで、国防省は国内の主要な汎用大型コンピューターをネットワーク化しようとした。1972年終わりの段階では、アメリカ国内に存在するおよそ20の汎用大型コンピューターがネットワークで接続され

第8章　パーソナル・コンピューターの黎明——1970年代に引き継がれたカウンターカルチャー　*141*

た。これがARPANETであり、今日のインターネットのはじまりとなった。

　ARPANETの運営にあたったのは、おもにスタンフォード大学やカリフォルニア大学バークリー校などのベイエリアの大学だった。これらの大学は、現在ではトップレベルの研究型大学という評価を得ているが、両大学とも戦後になって政府の科学研究予算の獲得に成功して、学問的評価を高めた大学である。スタンフォードは私立大学、バークリーは州立大学という違いはあるが、連邦政府の研究予算が両大学の発展に貢献したという意味では、連邦政府の別働隊のようなものだった。

　ARPAは組織縮小に伴い予算が削減されたが、不思議なことに、コンピューターやネットワーク関連の予算は逆に増やされた。さらに都合のよいことに、政府は研究内容に関してほとんど口を挟んでこなかった。この恩恵を受けた研究者の1人がアラン・ケイ（Alan Kay）だった。元ロック・バンドのギタリストで、軍に従事した経験を持つケイは、のちにPCのアイデアを盛り込んだ「ダイナブック」構想（東芝のPCブランドとは無関係）を発表した。当時の研究者たちは、研究データや論文の共有だけでなく、ソフトウェアのプログラムを書いてアップロードして公開することもした。ネットワーク上のセキュリティは非常に大らかで、誰かが作ったソフトウェアをダウンロードしてバグを見つけたら、修正してアップロードすることもできたほどで、いわば性善説、原始共産主義的な運営思想があった。

ハッカーの誕生

　アメリカ各地に点在するメインフレーム・コンピューターをネットワーク化するという政府主導の研究と平行して起こったのが、大学生たちのプログラミングに対する情熱だった。主な舞台は東海岸のボストン郊外にあるマサチューセッツ工科大学（MIT）だった。MITには1950年代終わりには初期のコンピューターが研究用として置かれていた。昼間は研究用に使われるが、夜間の誰も使わない時間を利用して、鉄道クラブに所属する学生たちが多数出入りし、面白いプログラムを書くべく試行錯誤を重ねていた。彼らが主に関心を持ったのは宇宙戦争ゲームだった。宇宙空間を移動しているような臨場感あふ

れるゲームを作るためのプログラミング体験は、その後の様々な用途のプログラムを書くときに生かされることになる。

　大学が所有するコンピューターに、学生たちがアクセスするのにはもちろん教授の許可が必要だった。MITには当時、人工知能の研究で有名なマーヴィン・ミンスキー（Marvin Minsky）やジョン・マッカーシー（John McCarthy）といった研究者がいて、こういった教授たちは、学生たちは研究テーマとは直接関係ないことに夢中になっているのを知りながらも、学生たちがコンピューターを使うことには大らかだった。そんな自由な雰囲気の中、MITの研究者たちは1960年、複数の人間が1台のコンピューターを同時に使えるようにするタイムシェアリングの開発を手がけるようになった。この研究はMIT主導で行われたものの、IBMや国防省からも資金援助を取り付けた。

　1960年、ハーヴァード大学大学院で社会学を専攻していたテッド・ネルソン（Ted Nelson）は、履修したコンピューターの講義に触発されて、文書を自由に編集できるソフトウェアを作ることを思いついた。ちょうど今日のワープロ・ソフトのように、過去の編集履歴を残すことができて、異なるヴァージョンを同時に見ることができるような文書作成ソフトである。ネルソンは同時に、ハイパーテキスト（hypertext）も構想した。今日では当たり前になっているウェブサイトのリンク機能のように、1つの文書から関連する別の文章へ移動するという概念だった。この時点では、どちらもアイデアの域を出なかったが、彼は実現を目指して、ハーヴァード大学卒業後も東海岸のロード・アイランド州にあるブラウン大学で研究を続けた。

　MIT、ハーヴァード、ブラウンなど東海岸の大学ばかりでなく、西のサンフランシスコ近郊でも、とりわけスタンフォード大学を中心としたサンフランシスコ南部には、1960年代になると徐々に大学や企業のコンピューター関連の研究施設が設立されるようになった。代表的な研究機関には、1963年設立のスタンフォード大学人工知能研究所（The Stanford AI Lab略してSAIL）があった。初代所長には、MITから移ってきたマッカーシーが就任した。スタンフォード大学にはもう1つ、アメリカ空軍の協力のもとで能力増大研究センター（Augmentation Research Center略してARC）が設立された。所長

は、エンゲルバートというカリフォルニア大学バークリー校大学院で電気工学を学んだ人物だった。

　企業も新技術の開発を急いだ。オフィス用コピー機で業界首位のゼロックスは1970年、パロ・アルトという町にPalo Alto Research Center（PARC）を作り、初代所長にはARPAで働いていたケイが就いた。PARC設立の目的は、PC開発ではなく、情報とオフィスの新しい形を探ろうという、いささか抽象めいているが、当時のゼロックスのビジネス・モデルの延長線上のようなことだったが、研究者たちは、親会社の意向を気にすることなく、比較的自由な環境で研究に没頭できた。

　PARCやARCで開発された技術には、現在の私たちがなじんでいるものが多い。ワード・プロセッシング、マウス、ウィンドウ、Eメール、レーザー・プリンター、WYSIWYG（ユーザーがモニターで見ている文字やグラフィックスがそのまま印刷される技術。What you see is what you get.の各単語の最初の文字をとっている）など、現在のPCの基本的なアイデアは、この時期に生まれたものだった。

　PARC所長のケイは、AltoというPCを完成させるが、親会社のゼロックスは製品化には踏み切らなかった。当時のゼロックスはメインフレーム・コンピューターの雄だったIBMの市場に食い込むことに躍起になっており、コンピューターが個人の持ち物になるとはゆめゆめ考えなかった。現在から振り返れば、メインフレーム市場に食い込もうとゼロックスが設立したPARCで、PCの基礎技術が作られたのは歴史のいたずらである。

　ARCやPARCなどの研究者たちは、コンピューターを人間の能力を増大したり、コミュニケーションの道具として有益だと考えた。ARPANET構築の目的自体が研究者同士の情報交換と共有であったことを考えても、この発想は彼らにとって自然なものだった。ARPANETをつうじて、地理的に離れた研究者たちと研究成果を相互利用し、研究者たちは濃密なコミュニティを形成しつつあった。エンゲルバートが在籍したARCのAはaugmentation（＝増大）のことだが、これは人間の思考能力をコンピューターで増大することを目指してつけられた名前だった。たとえば、ケイは、マウスを使って絵を描く技

術を開発したが、これはコンピューター・マウスを人間の手の延長としてコンピューターに描画能力を持たせるという発想だった。

テクノ・ユートピアとテクノフォビア

　ケイやエンゲルバートが描いた未来のコンピューター像は、理想主義的かつ人間寄りだったが、当時の大多数のアメリカ人はそのようには考えていなかった。1960年代においてコンピューターといえば、大企業が業務処理に使用する巨大な機械という印象を持たれていた。コンピューター業界の巨人、IBMの会社名からしてInternational Business Machinesというほどである。とてつもなく高価で、部屋をまるごと占拠するほど巨大で、膨大な電力を消費するコンピューターは当然、大企業でなければ購入することができず、その管理に専門スタッフを常駐させてデータ処理する姿は、人間を管理するモンスターのように思われていた。

　カウンターカルチャー世代の大学生の多くも、コンピューターは非人間的で人間の敵だと批判した。たとえば、カリフォルニア大学バークリー校の学生だったサヴィオは、1964年に同校でフリー・スピーチ運動を始めたが、サヴィオの有名なスピーチには、「機械（machine）は憎むべき存在であり、人間を駄目にしてしまうので、身体を呈して機械の蔓延を阻止しなければいけない」というくだりがある。ベビー・ブームと国民所得の増大によって、当時の大学は学生数が急増し、学生の成績管理などにコンピューターを導入するようになってきた。バークリー校は教務管理に最も早くコンピューターを導入した大学だった。また、ヴェトナム戦争においては作戦立案などにコンピューターを使っていたことから、コンピューターがヴェトナムの惨状を引き起こしたと短絡的に考える向きもあった。

　いっぽう、コンピューター・ヒッピーたちは、テクノロジー至上主義、実益重視、反権力的姿勢の3つの側面を合わせもっていた。彼らは、科学技術が人間を不幸にしてしまうという悲観的な考えとは無縁だった。コンピューターは美を創造し、人生をよくすることができる、というのが彼らの主張だった。個人の能力拡大を目指したカウンターカルチャーと、その後のニューエイジ時代

の申し子らしく、彼らも当然のことながら、個人の能力開発に関心を持っていた。カウンターカルチャーではロックやLSDなどがそのためのツールであり、ニューエイジでは瞑想、ヨガ、自己啓発セミナーなどが用いられたが、コンピューター・ヒッピーにとっては、コンピューターがそのような役割を果たした。

さらに彼らは、彼らの有するプログラミング知識やハードウェアに関する知識は、大衆の役に立てなければ意味はないと考えていた。テクノロジーは支配階級のためではなく、民衆のためのものだという考えである。彼らの価値基準は、人の役に立つプログラムを書き、使いやすいハードウェアを開発することに置かれていた。その価値観を具現化するために、PCの開発は必要だった。

反権力的姿勢は、ある程度は時代の流れの中で作られたものだった。冷戦体制に従順な大人たちに対する文化的反抗として始まったカウンターカルチャーにどっぷり浸かったコンピューター・ヒッピーたちは、政府や大企業の所有物とされていたコンピューターをいじったり、プログラムを書くことで、権力の象徴としてのコンピューターに挑戦した。

1970年代のベイエリア

1960年代のコンピューター技術が、政府や大企業の先導によって発達したことは疑いのない事実である。そして研究に関わった研究者や学生たちは、いま論じたようなハッカー倫理とよぶべき価値観を共有するようになった。1970年代に入ると、ベイエリアにおいて、個人や草の根による活動が活発化し、多数の組織、団体、ベンチャー企業によって、ハッカー的価値観の実現へ歩み始めることになる。そのなかでもよく知られているものをいくつか以下に挙げてみたい。

1970年春、メンロ・パークで、ピープルズ・コンピューター・カンパニー（PCC）が結成された。名前にカンパニーとあるが利潤目的の会社ではなく、コンピューターを個人が使えるようにするためのプロジェクト・グループだった。とりたてて新しい技術を開発したわけではなく、PCの可能性を信じる人たちの集まりにすぎず、唯一の成果と言えば新聞を発行したことぐらいである。

しかし、PCC は毎週のように誰かのアパートでパーティーを開いて、親交を深め、さまざまなアイデアを練るための場として機能した。

　PCC のインフォーマルな雰囲気から生まれたアイデアの1つが、コミュニティ・メモリだった。1973年8月、ベイエリアのコンピューター端末をネットワーク化する実験を始めた。バークリー校のそばのカフェやレコード店などに置かれた端末を通じて、利用者は他の端末の利用者とコミュニケーションがとれる仕組みだった。端末は無料で利用でき、システムも極めて簡単にして誰でも使えるようにした。この試みは、中央集権的な使われ方をしていたメインフレーム・コンピューターの正反対を行くものであった。情報の自由な行き来を目標としていたハッカーたちだからこそ生まれたアイデアであり、一個人が別の個人と直接繋がることなど、コンピューターなしではできないことだった。コミュニティ・メモリでは、たとえば、「病院を探している」と誰かが入力すれば、近辺の病院の情報を手に入れることができた。他にも、チェスの対戦相手を探したり、美味しいレストランの情報交換も行われた[3]。順調に始まったかに見えたコミュニティ・メモリだったが、古い端末は故障続きで、新品を買おうにも資金がなかった。足りないのは資金だけでなく、スタッフの技術も不足していた。しだいに、彼らの気力も萎んでいき、1975年に閉鎖することを決めた。

　後に続く幾多のクラブもそうだったが、PCC やコミュニティ・メモリは、PC は個人を解放する可能性を秘めたツールだと考えた。ちょうど、ロックがヒッピーたちにとって解放の音楽であったように、PC はアメリカを真の民主主義社会に成熟させるための有効なツールだと考えた。情報は民主主義の血であり、誰もがコンピューターを個人所有してネットワークで繋がり、直接情報交換をするようになれば、既成権力に実質的に対抗できる力を持つことができるという理想を共有していた。短命に終わってしまったコミュニティ・メモリだったが、その後の IT 技術は彼らが目指した方向に進むことになる[4]。

　1975年3月に、メンロ・パークに、ホームブリュー・コンピューター・クラブ（Homebrew Computer Club。homebrew とは自家製のアルコール飲料を意味する）が発足した。コンピューター好きの集まる趣味のサークルだった

が、メンバーのレベルは相当高く、のちのIT産業史に名を残すことになる人物が多数含まれた。マイクロソフトを創業するゲイツ、アップル・コンピューターを共同設立する2人のスティーブ、サン・マイクロシステムズを設立するビル・ジョイ（Bill Joy）、初のポータブル・サイズのコンピューターを開発したフェルゼンスタインなどである。はやし放題のひげ面にジーンズを履いた彼らは、自宅のガレージでコンピューターを作り、完成品をクラブの例会に持って行き、仲間に品評してもらっては改良するというプロセスの繰り返しの毎日を送った。例会の場所も、メンバーの家のガレージであることが多かった（注：ガレージと言っても、日本の標準的な家のガレージとはおよそ別物である。アメリカでガレージと言えば、家屋の一部として1階部分に作られ、そこから台所などへ入ることができる。大きさは2台の車が入るような広さである。だから、数人なら集まって会合を開くことができる）。

ホームブリュー・コンピューター・クラブで、自作コンピューターの改良を繰り返していたメンバーは、やがて小型、安価で高性能のコンピューターを大量生産できないかと考えた。このアイデアを実行に移したのが、ウォズニアックである。1976年7月、ウォズニアックはApple Iを200台作り、666ドルで販売した。翌年には、475ドルに値下げした。この初期モデルを改良して、本格的に大量生産したのが1977年発売のApple IIである。

PCCやホームブリューの他にも、サンフランシスコ南部には多くのコンピューター・クラブが作られた。名前の付け方も個性的で、「もう1つのIBM」という意味を持つイッティ＝ビッティ・マシーン・カンパニー（Itty=Bitty Machine Company）や、ケンタッキー・フライド・コンピューター（Kentucky Fried Computer）というお茶目な名前がついたものもあれば、リチャード・ブローティガンの詩からとったというラヴィング・グレイス・サイバネッティクス（Loving Grace Cybernetics）のように文学的な名前が付いたものもあった[5]。

ニュー・メキシコ州アルバカーキーに住む4人の若者も、やはりガレージで自作コンピューター作りに熱中し、1975年にアルテア（Altair）という名前で製品化にこぎ着けた。この製品名は、映画『スター・トレック』に出てくる惑

星の名前からとられた。郵便で注文できたので WEC にも載った。発売最初の1カ月で数千台が売れたというのは、制作者からすれば嬉しい誤算だった。

　以上のように、1960年代から1970年代にかけて、コンピューター・クラブや、大学・企業の研究所起ち上げが、年中温暖なサンフランシスコ南部の地域に相次いだ。今日で言うところのシリコン・バレーの始まりだった。この呼び方は1971年の業界紙に載った「アメリカのシリコン・バレー」という連載記事から来ている。この名称が一般に広まるには、PC が一般消費財となる1980年代初頭まで待たなければならないが、当時はセミコンダクターに使うシリコン・チップを研究・製造する企業群を指していた。この地にはもともとトランジスタの工場が建ち並んでいて、トランジスタ生産で得たノウハウを集積回路の製造につぎ込んだ。ちなみに、初の PC 見本市が開かれたのもサンフランシスコだった。正式名をウェスト・コースト・コンピューター・フェアといい、1977年4月のことで、前述した Apple II が初公開された。

　カリフォルニア州にシリコン・バレーが誕生したのには、当時の州知事がジェリー・ブラウン（Jerry Brown）だったことも幸いした。ブラウン知事は政治家としては珍しく、カウンターカルチャーに共鳴した希有な人物で、ロックを聴き、座禅を組んだ知事としてヒッピーたちから人気があった。環境問題にも取り組んだブラウン知事は WEC のブランドを環境政策顧問に置いて、州都サクラメントに適正技術局を作り、風力発電や太陽発電、さらに都市農場や有機農業の実験に取り組んだ。ブラウン知事はハイテク産業の育成にも積極的だった。州産業が軍事に多くを負っていたので、新しい産業を興す必要性から、コンピューター関連産業誘致に動いた。

キャプテン・クランチ

　PC 黎明期の1970年代前半に活躍したコンピューター・ヒッピーたちは、技術進歩と民衆の人知を信頼する楽観性と、既成権力に刃向かう野心をあわせ持っていた。時には、その野心が度を超えてしまうこともあった。そういう有名なエピソードの1つが、キャプテン・クランチ（Captain Crunch 本名ジョン・ドレイパー John Draper）の笛である。彼は、1972年、「キャプテン・ク

ランチ」という商品名のシリアルのおまけについてきた笛が出す特定の周波数を利用して、AT&Tの認証システムに侵入することに成功し、無料で長距離電話をかけられる装置を作った。

これはれっきとした犯罪であり、現実に彼は逮捕されたが、彼の蛮行は当時のコンピューター仲間やヒッピーたちに大絶賛されて、今日にまで伝説的ハッカーとして崇められている。意外に思うかもしれないが、ヒッピーたちは、ドラッグを別にすれば、犯罪には手を染めなかった。それにもかかわらず、AT&Tのシステムをハッキングしたキャプテン・クランチが崇められた理由は、彼はAT&Tという大企業に、シリアルのおまけについてくる笛で一撃を加えた痛快さが大いに受けたからである。

キャプテン・クランチは極端な例だが、1970年代のハッカーたちは法を破らないような形でフリー文化を実践し始めた。その1つがフリーウェアである。1980年代には一般ユーザーに広く知られるようになるフリーウェアだが、その端緒は1960年代に見られた。ARPANETにアクセスできたハッカーたちがソフトウェアを作り、ネットワークに無償でアップロードした。本来、労働の果実であるソフトウェアは、対価として有償で配布するのが常識的な経済行動であるが、ハッカーたちの多くは無償で自作のプログラムを公開することに満足を感じていた。そして、他のハッカーから使い勝手やバグのフィードバックを受けて、ヴァージョン・アップを行った。このような仕組みはしばしば原始共産主義とよばれるが、名前のとおり、草の根レベルで少数の人間が共同で生産活動を行うわけである。

似たような特徴はコミューンやディッガーズにも見られた（第3章、第4章参照）。コミューンでは、少人数で生活全体を回すことを目指した。食糧の生産から生活上の細事までを自分たちで行い、外部システムにはなるべくたよらない「自立的」なライフ・スタイルだった。また、ディッガーズは、食事や生活必需品などを無償提供した。有用な物を金銭交換で他人に与えるのは、資本主義の毒に侵された者がすることだという清貧思想から、分け与えられる物は無償提供することで人の役に立つことに価値を見いだした。1970年代のコンピューター・プログラマーたちも、お金を稼ぐことにはどちらかといえば嫌悪

感を抱いていた。彼らのやりがいは、自分の書いたプログラムがどれだけ人々の役に立てるかであり、どれだけ金を稼げるかではなかった。役に立つものは無料で提供しようというのが彼らの基本的な考えだった。

プロジェクト・グーテンベルグ

この点において最も重要な貢献は、マイケル・ハート（Michael Hart）というイリノイ大学の学生によってなされた。ハートは、貴重なものこそ無償にして誰でも手に入れられるようにするべきだという考えに共鳴して、彼の好きだった書物でその理想を実現しようと思い立った。シェイクスピアの戯曲や、ハーマン・メルヴィル（Herman Melville）の代表作『モビー・ディック』（*Moby Dick*）のような古典文学から、シャーロック・ホームズやピーターパンのような大衆小説、ヘッセの東洋思想文学や『カーマ・スートラ』のようなヒッピー御用達文学まで、無料で読める図書館のようなものができないものかと考えていた。

そんな折、知り合いからイリノイ大学所有の古いメインフレーム・コンピューターへアクセスする権限を与えられた。ハートは1971年7月4日の独立記念日に、花火を見た帰りに立ち寄った食料品店で見つけたアメリカ独立宣言のビラを、大学のコンピューターを使って入力した。本当は入力したテキストをARPANET経由で知り合いに電子メールとして送りたかったのだが、セキュリティ上の理由でそれは叶わず、代わりにサーバー上に独立宣言のファイルを置いて誰でもダウンロードできるようにした。

これがプロジェクト・グーテンベルグ（Project Gutenberg）の始まりである。独立宣言のファイルをアップロードした後もハートは、聖書やリンカーンのゲティスバーグ演説などの文書などをどんどん入力した。1970年代のほとんどは、ハート1人で文書を入力していたらしいが、1980年代になるとボランティアが集まりだし、さらにスキャナーやOCRの技術の進歩があり、ダウンロード可能な文書（著作権の切れた作品のみ）の数は天文学的な勢いで増えていき、今日まで続いている。

ハートのプロジェクト・グーテンベルグが偉大であるのは、ハートが日夜テ

キストを入力し続けてネット上に無料公開したからだけではない。それよりも、グーテンベルグのサイトにアップロードされた文書については、ユーザーがどのように使おうとも一切、権利関係の主張を行わないという方針を決めたことである。フリー精神の率直な現れである。

情報はフリーになりたがっている

「フリー」には2つの意味が込められている。1つは経済的な意味での「無償」であることはすでに述べた。ハートのプロジェクト・グーテンベルグでは、従来なら書店で買うか図書館に行かなければ手に入らない歴史的文書が、コンピューターとネットワーク環境さえあれば、時間帯や居住地を問わずアクセスできることに意義があった。つまり、一部の者（ここでは図書館や書店）が経済的に独占していた知識を、万人に解放するという意味で、まさに15世紀のグーテンベルグ革命の再来であった。

もう1つは、経済的なフリーと関係するのだが、政治的な意味での「解放」である。たとえば、アメリカの独立宣言やリンカーンの奴隷解放宣言などの文書は、アメリカの歴史的共有財産である。そういう価値を持つ文書が有料でのみ手に入るとすれば、裕福な者とそうでない者との格差が生じる。情報をフリーにすることは、教育機会の平等の実現に近づくことを意味し、出自にかかわらず教育を受けたものが民主主義を成熟させる可能性を秘める。

ハッカー文化と資本主義

ヒッピー文化の流れを汲んで生まれたPC革命を、どのように理解するべきだろうか。産業史の観点から見れば、コンピューター・ヒッピーたちは1980年代から本格的に始まるIT産業の基礎を築いたという点で多大なる貢献をした。これには異論はないだろう。では、彼らの社会的、文化的な価値をどう理解すればよいのだろうか。コンピューター・ヒッピーたちは反体制的なスタンスと民主主義的理想が奇妙に合わさった独特の世界観を形成していた。1つには、コンピューター・ヒッピーたちは、その一般的なイメージとは裏腹に、それほど革新的でも反体制的でもなかったとする見方がある。カウンターカル

チャー全体の特徴でもあるが、コンピューター・ヒッピーたちもほとんどが白人の中流・上流階級出身で、とくべつ社会体制に不満を持っていたわけではなく、彼らの見かけ上の反権力的なスタンスは記号的に消費されたにすぎない。この見方によれば、コンピューター・ヒッピーはもちろん、カウンターカルチャー全体も、中・上流階級の子息という社会的立場に安住しており、アイデンティティ的事情から反権力的スタイルを身にまとったにすぎないという皮相的な解釈が導かれる。

　別の見方としては、彼らの起業家精神を重視する立場がある。すなわち、コンピューター・ヒッピーたちが実益を重視し、技術の進歩に信頼をおく姿勢は、起業家精神と共通していたという指摘である。1970年代の彼らは「人民に力を」のようなカウンターカルチャー的修辞を強調していたが、人間にとって使いやすいコンピューターを作り、庶民に手が届く程度までに価格を下げるという課題を設定したということは、彼らはマーケットに投入するための製品を作ろうとしていたことに他ならない。実際、時代が進むと、彼らの中には、起業家として会社を興し、巨額の富を築く者が続出するわけである。

　この見方にしたがえば、コンピューター・ヒッピーたちがプログラムを書いたり、ハードウェアの改良に熱中した理由は、究極的には生産性の向上にあった。素人が使えるコンピューターを作り、個人個人のレベルで情報の処理速度を上げて、さらに情報交換も容易にすることは、社会全体の生産性に寄与するはずであるという論理が見られる。つまり、彼らは科学的合理性の追求に貢献していることになる。となると、コンピューター・ヒッピーたちはアメリカ社会に反旗を翻したのではなく、資本主義的な効率優先のアメリカ社会に積極的に参加したことになる。

まとめ

　PCの誕生は、アメリカ政府が国防目的で分散型ネットワーク構築の研究を始めた1950年代にさかのぼる。第二次世界大戦後から1970年代初めまで続いた経済好況のおかげで、ネットワーク関連の研究には豊潤な予算が与えられた。雇われた研究者たちにとって幸運だったことは、研究内容については政府

第8章　パーソナル・コンピューターの黎明——1970年代に引き継がれたカウンターカルチャー　153

からあまり口出しをされなかったことである。今日のインターネットの基本技術の多くは1960年代に開発されたものである。ネットワーク技術と平行して、野心的な研究者はコンピューターを使いやすいものにしようと技術開発を行い、PCというアイデアに結びついた。1960年代になると、企業や大学も研究開発に予算を充てて、今日のPCに連なる基礎技術の確立に貢献した。

　ヒッピー文化はネットワークやPCの可能性に対して、カウンターカルチャー的な意義を付託した。その意義とは、個人の力を増大させることで、社会全体の改良につなげようとするカウンターカルチャーの真骨頂ともいえる思想だった。もともとは政府機関、大企業や大学が所有していたコンピューターを、個人が使えるように小型化、低価格化し、ネットワークで繋ごうとする試みは、真に民主主義的であった。なぜなら、当時の大学生世代が共通して抱いていたアメリカ政府や大企業に対する反感は、一部のエリート集団がアメリカ社会を牛耳っているという直観に起因していたからである。だから、IBMのような大企業や政府機関だけが所有していたコンピューターを、自分たちも持つという発想は拒絶しがたい魅力があった。

　最初はいわば趣味として、プログラムを書いたりハードウェアを組み立てること自体に楽しみを見いだしたコンピューター・ヒッピーたちは、やがてカウンターカルチャーという反体制文化運動に包み込まれ、真に民主主義的な社会の実現の可能性をPCに見いだした。彼らの理想は1970年代終わりに実現した。PCが製品として、店頭で買えるようになったのである。

　PCの製品化は、カウンターカルチャーの最盛期から10年以上経っていたが、その歴史と思想は実にカウンターカルチャー的だった。コンピューター・ヒッピーたちは、アメリカ社会の支配者たちがコンピューターという技術を独占しているのなら、その技術を自分たちも持ってしまえばいいではないかと考えた。この発想は、テクノロジーに対する全面的な信頼を前提にしている点で、他章で論じた反技術信仰的なカウンターカルチャーとは一線を画していた。しかし、個人がPCが持つことで個人の力を増大させるという理想は、ロックやLSDに対してヒッピーたちが抱いた期待と共通した。また、情報をフリーにするべきだという思想はフリーコンサートやディッガーズなどにみら

れた動きと重なった。

　ロックやLSDにみられたように、カウンターカルチャーは中流階級であるが故の疎外感を文化的に、あるいはライフ・スタイルとして超越する試みであったので、コンピューター・ヒッピーたちはテクノロジーによる変革を夢見たのである。彼らの関心は個人の生活を「革命」することだった。個人が変化することで社会が変革すると考えた。革命には力が必要である。力とは知識や情報のことであり、知識を得るにはツールが必要である。それがPCとネットワークだった。

注

1) Paul Goodman, "The New Reformation," *New York Times Magazine* (September 14, 1969), 33.
2) Richard L. Florida, *The Rise of Creative Class: And How It's Transforming Work, Leisure, Community and Everyday Life* (New York: Basic Books, 2002), 197.
(リチャード・フロリダ『クリエイティブ・クラスの世紀』ダイヤモンド社、2007年)
3) Steven Levy, *Hackers: Heroes of the Computer Revolution*. (New York: Penguin Books, 1994)(スティーブン・レビー『ハッカーズ』工学社、1987)
4) セオドア・ローザック『コンピューターの神話学』朝日新聞社、1989年、191
5) ローザック、196

終　章
崩れ去ったピース＆ラブ、そしてカウンターカルチャーが残したもの

1968年

　1968年は激動の1年だった。1月、アメリカ軍が支援する南ヴェトナムの主要拠点が、次々と北ヴェトナムの攻撃に屈した（一般に Tet Offensive と呼ばれている）。この戦況悪化をもって、アメリカ世論はヴェトナムからの撤退を求めだした。戦争を継続させようとしていたジョンソン大統領は苦境に立たされた。彼は同年秋の大統領選挙に再選を目指して出馬する準備を進めていたが、世論には抗えず、大統領選には出馬しないことを3月末に発表した。

　ヴェトナム戦線を混迷化させたという外交上の失政はあったものの、内政面ではジョンソン大統領は1964年に公民権法を成立させたことで、人種差別問題を大きく改善させる契機を作った。法律が制定されたからといって、すぐに事態が好転したわけではなかったが、アメリカ人は人種問題に対しては楽観的な見通しを持ち始めていた。

　ところが、そんな楽観論は、4月のキング牧師暗殺事件によって吹き飛ばされてしまった。キング牧師が暗殺されたことは、人種問題は過去の問題ではなく、依然として現在も進行している問題であることを示した。アメリカ人の失意に追い打ちをかけたのが、6月のロバート・ケネディ暗殺事件だった。ロバート・ケネディは、ジョンソン大統領の有力後継候補として、民主党内の大統領候補指名獲得レースを優位に運んでいた。故ケネディ大統領の弟ということもあり、多くの国民は若さと理想に溢れるロバートに、アメリカの未来を託そうと考えていただけに、ショックも大きかった。

　8月、民主党全国大会がシカゴで開かれた。民主党から出馬する大統領候補

が正式決定される大会で、ジョンソン政権の副大統領だったヒューバート・ハンフリー（Hubert Humphrey）が民主党の指名候補となった。この大会に照準を合わせ、多数の学生デモ隊がシカゴに参集し、デモを繰り広げた。デモ隊は、大規模警備隊と衝突し、逮捕者を多数出した。なかでも、デモを扇動したとして、ホフマンやルービン（第3章参照）などの7人はシカゴ・セブンとよばれ、後に裁判にかけられた。

ウッドストック

　リチャード・ニクソンという新大統領就任で1969年は始まったが、明るいニュースはほとんどなかった。数少ない明るいニュースの1つは、8月15、16、17日に開催されたウッドストック・フェスティバルだった（第1章参照）。ニューヨーク市郊外で行われた3日間のロック音楽祭の観客数は、40万人とも50万人とも言われている。ウッドストックが伝説として今日まで語り継がれている理由は、出演したミュージシャンたちの素晴らしい演奏だけではなかった。10万人単位の観客が集まったにもかかわらず、大きな事故も混乱もなく平和裡に終わったこともその理由である。前年のシカゴ民主党全国大会で、公共秩序を乱して（大方の世間はそう見た）世間を失望させたヒッピーたちは、ウッドストックによって、いわば名誉挽回を果たした。

チャールズ・マンソン

　しかしながら、ウッドストックの成功がもたらした平和な印象が続いたのは、ほんの束の間だった。ウッドストックの1週間前、ロスアンジェルス郊外の豪邸で、新進女優テイトを含めた3人が殺害された。新聞やテレビは犯人捜しで連日賑わっていた。ウッドストック開催中の16日、ロスアンジェルス警察はマンソンをリーダーとする計26人を別件逮捕した。この時点では、マンソン一味とテイト殺害の関連を確証することはできなかった。しかし、新聞やテレビがマンソン一味をテイト殺害事件の限りなく黒に近い存在として報道しだした。

　前科があり服役した経歴がある以外は、マンソンはまったく普通のヒッピー

終　章　崩れ去ったピース＆ラブ、そしてカウンターカルチャーが残したもの　157

だった。風貌も、長髪にジーンズというヒッピーとしては特段目立つことのない格好をしていた。LSDをやり、ビートルズの音楽を愛し、ロック・コンサートに出かけ、ディッガーズの炊き出しサービスにも頻繁に顔を出した。東洋思想にも関心があったらしく、エサレン研究所を訪ねたこともあった。このような若者なら、サンフランシスコ界隈には数千人はいただろう。1967年にサンフランシスコからロスアンジェルスに住居を移したことを期に、マンソンは自分を頂点とする小集団を形成し、ファミリーと命名した。彼は、人気バンドのビーチ・ボーイズと懇意になり、ソロ・アルバムのレコーディングを約束するほどまでに関係を深めた。

　マンソンは、ビートルズの音楽は自分に啓示を与えてくれているという妄想に取り憑かれた。彼は中でも"Helter Skelter"という曲を、世界規模の人種戦争がまもなく起きるというお告げだと信じた。その先陣を切るかのように、取り巻き数人にテイト殺害を指示した。次の日も、マンソン率いるファミリーは別の2人を殺害した。

　マンソン事件は世間に衝撃を与えた。殺人事件としての猟奇性だけでなく、カウンターカルチャーの負の面が一気に噴出したかのような印象を与えたからだった。コミューン風の生活、フリー・ラヴ、ドラッグ、そしてビートルズと、ヒッピーの要素がそろったマンソンが主導した犯罪の全容を知るにつれ、アメリカ人はもはやヒッピーを、風変わりではあるが平和志向という点で穏健な連中だとは思わなくなった。

ウェザー・アンダーグラウンド

　1968年8月の民主党全国大会において、多数の逮捕者が出たことで、学生運動のリーダー的役割を担っていたSDSは、一気に組織の解体が進んだ。残党の一部は過激化した。その代表的なものがウェザー・アンダーグラウンドだった。ウェザー・アンダーグラウンドは体制打破のためなら、武力行使をためらわないことを明言した。具体的行動として、彼らは1969年10月に「義憤の日々」（The Days of Rage）を計画した。約300人のメンバーがシカゴに集結し、前年の民主党大会デモで逮捕されて拘留されていた7人（シカゴ・セブ

ン）の釈放を求めて、市街をデモ行進しながら、街路の建物や自動車の窓ガラスをたたき割り、軍の徴兵オフィスなどを襲撃した。ウェザー・アンダーグラウンドの暴動は4日間続いた。4日目はシカゴのビジネス街に現れたところ、武装警官隊に取り囲まれた。ウェザー・アンダーグラウンドは正面突破を試みたが、数に勝る警官隊に阻止され、一網打尽に逮捕されて、彼らの戦いはあえなく幕を閉じた。

ウェザー・アンダーグラウンドが武力行使を正当化した根拠は、アメリカの覇権主義が世界の貧富を生んでいるという共産主義的思想だった。したがって、富の象徴であるアメリカ都市部を襲撃することは、アメリカの覇権を終わらせるためには必要な手段だと考えた。また、ストリート・シアターの発想からも（第3章参照）、アメリカ軍がヴェトナムで行っている殺戮的行為を本国で疑似実演することで、市民にアメリカ政府の非人道さを理解させようとしたのだった。

アルタモント・フリー・コンサート

8月のウッドストックが名実ともに平和の祭典だったとすれば、12月にサンフランシスコ郊外のアルタモントで行われたローリング・ストーンズのコンサートは血の祭典だった。全米ツアーの最終公演ということで、ローリング・ストーンズはアルタモントのコンサートを無料公演にすることを決め、さらに5つの人気バンドに出演要請した。よって、ローリング・ストーンズの単独コンサートというよりは、ミニ・ウッドストックとして宣伝された。出演バンドは、ジェファーソン・エアプレイン、クロズビー・スティルス・ナッシュ＆ヤング（Crosby, Stills, Nash & Young）、フライング・ブリートー・ブラザーズ（Flying Burrito Brothers）、サンタナ（Santana）、そしてグレイトフル・デッドだった。人気バンドの演奏を無料で楽しめるとあって、3,000人のファンが詰めかけた。観客数では8月のウッドストックに遠く及ばないものの、ウッドストックと同様の感動を与えるイベントになるはずだった。

コンサートは最初から不穏な雰囲気に包まれていた。酒かドラッグ、あるいはその両方で悪酔いしたような客が少なからずいた。2番目に登場したジェ

ファーソン・エアプレインの演奏中に、へべれけ状態の観客がステージに上がったので、護衛役のヘルズ・エンジェルズが捕まえようとしてステージ上で取っ組み合いを始めた。両者を止めようとしたバンドの1人が殴打された。この事件を伝え聞いたグレイトフル・デッドは、5番目に出演する予定で会場近くまで来ていたのだが、治安が確保されていないという理由で、急遽出演をキャンセルした。

グレイトフル・デッドのキャンセルがあったものの、コンサートは4組のバンドの演奏を終え、いよいよローリング・ストーンズがステージに現れた。観客の多くは酒とドラッグで冷静さを失っていた。ヴォーカルのミック・ジャガーは、観客に対して落ち着くように何度も懇願しながらコンサートを進行しなければいけなかった。3曲目では演奏を中断せざるを得ないほど、聴衆の無秩序ぶりは一線を超えていた。事件は5曲目の演奏中に起きた。ステージ近くにいた観客のメレディス・ハンター（Meredith Hunter）という18歳の黒人の少年がステージ方向に進むのを見た護衛役のヘルズ・エンジェルズのメンバー、アラン・パサーロ（Alan Passaro）が少年を止めようとした。するとハンターはジャケットの内ポケットから拳銃らしきものを取り出そうとした。パサーロはただちに反応して、持っていたナイフでハンターを刺し殺した。

ケント州立大学、ジャクソン州立大学の連続悲劇

1970年は前年の混乱を引き継いだような年だった。しかし、違った形で。1969年がカウンターカルチャーが内部崩壊した年だったとすれば、1970年はアメリカ政府とヒッピー世代の断絶が決定的に露呈した年だったと言える。1969年に発足したニクソン政権は、ヴェトナムへの介入を段階的に削減させていたが、4月30日に隣国カンボジアに侵攻し、戦域を拡大させた。この動きに学生たちはただちに反応した。翌日の5月1日には各地の大学で反戦デモ集会が開かれた。オハイオ州の小さな町にあるケント州立大学もその1つだった。1日のデモを終えたケント州立大学の学生たちは、4日に再びデモ集会を開くことを決めた。事態を深刻に考えた大学側は、4日のデモを禁止するよう学生側に伝えた。一方でケント市長は、学生デモが拡大し市全域に被害を及ぼ

すことを恐れて、州兵隊（Ohio National Guard）に支援を要請した。学生たちは予定どおり、4日のデモを遂行した。キャンパスには市長の要請に応じた州兵隊が待機していた。州兵隊は学生たちにデモを中止するよう説得したが、学生デモは怒号と投石でもって応じた。小競り合いが続いたあとに、州兵が学生に向かって発砲した結果、4人の学生が死亡し、9人の負傷者を出した。

ケント州立大学事件の10日後、ミシシッピ州のジャクソン州立大学でも似たような悲劇が起こり、学生が死亡した。警察・州兵隊がキャンパス内に入り、発砲して学生を死なせたという点では、ケント州立大学事件と共通するが、事件の背景はまったく別のものだった。ジャクソン州立大学の惨事の原因はヴェトナム反戦運動ではなく、人種差別だった。ジャクソン州立大学は学生のほとんどが黒人で、以前から地元白人住民による黒人学生への嫌がらせが続いていた。たとえば、キャンパス内を通る公道を走る白人の車から、黒人学生にめがけて物が投げられるというようなことは日常茶飯事だった。長年の鬱積がたまっていたジャクソン州立大学の黒人学生たちは、5月14日の夜、白人の運転する車に投石し、転覆させた。それを伝え聞いた学生たちが現場に集まってきて、騒然とした雰囲気になった。やがて、学生たちは白人所有の車を次々に転覆させるなどの行為に出た。地元警察と州高速道路警備隊がただちに配置されて、約100人の黒人学生たちを包囲した。デモに参加した学生の一部は、キャンパス内の寮に立てこもった。当局側は、寮に立てこもった学生たちに向かって100発以上発砲したことにより、学生1人と住民1人が死亡し、12人が負傷した。発砲した警察官は、寮の窓から射撃銃が向けられたことに対する正当防衛を主張したが、のちのFBIの捜査は、その主張を否定した。

ケント州立大学の惨事では、カウンターカルチャーの流れを汲んだ反戦デモに当局が武装介入したことが国民に衝撃を与えた。1960年代半ば以降、反戦デモは一部の大学ではありふれた光景になっていたが、死亡事件が起きたことはなかった。もう1つの衝撃は、これがエリート大学ではなく、地方の「普通の」大学で起きたことだった。1960年代の反戦デモやヒッピー文化は、カリフォルニア大学バークリー校やミシガン大学（SDSの本部がおかれた）といった優秀な学生が集まる都市部の大学で活発だった。しかし、ケント州立大学は、

終　章　崩れ去ったピース&ラブ、そしてカウンターカルチャーが残したもの　*161*

学生のほとんどは同州内から集まってくる州民のための大学だった。そのような大学でも学生がデモを行い、国家権力が介入したことは、理想主義的なカウンターカルチャーが地方にまで広がったことを示したと同時に、権力側はもはやそれに対して寛容ではなくなったことをはっきり示した。

　一方で、南部のミシシッピ州で起きたジャクソン州立大学の惨事は、人種差別が依然として深刻な社会問題であることを示した。1964年の公民権法成立によって、法的な差別は撤廃されたが、人々の心に宿る差別意識は短期間では変わらなかった。民主主義を世界に向けて発信しているアメリカであるにもかかわらず、足許では旧態依然の人種差別が蔓延していることは、恥辱以外のなにものでもなかった。

「終わり」の感覚

　1970年代前半はアメリカが経済不況に陥った時期でもあった。1973年のオイル・ショックをきっかけにして、戦後から続いた好況期が終わりを告げて、アメリカは停滞期に入った。こうした経済状況を反映してか、アメリカ社会の行方を論じたベストセラー本のタイトルにも悲観的な言葉が多く使われた。いくつか例を挙げれば、バリー・コモナー（Barry Commoner）の『閉じゆく円環』（*The Closing Circle*）、ローマ・クラブの『成長の限界』（*The Limits to Growth*）、ポール・アーリックの『ゆたかさの終わり』（*The End of Affluence*）などである。「終わり」の感覚の共有現象は、究極とも言うべき、エリザベス・キューブラー・ロス（Elisabeth Kübler-Ross）が臨死体験について書いた一連の書物がベストセラーになるなど、経済的・文化的な終焉について考えるだけでなく、アメリカ人は人間個人の死についても思索するようになった。また、カウンターカルチャーについても同様に、「若者の反乱の終焉」（"End of the "Youth Revolt"『USニュース＆ワールド・レポート』誌、1971年）、「ドロップ・アウトは不可能だ」（"The Impossibility of Dropping Out"『ホライゾン』誌、1971年）などの記事を掲載した。

パトリシア・ハースト

　1974年2月、カリフォルニア大学バークリー校の学生だったパトリシア・ハースト（Patricia Hearst）という女子学生が誘拐される事件が起こった。誘拐したのは、シンバイオニーズ解放軍（Symbionese Liberation Army）と名乗る過激派左翼組織だった。誘拐犯が要求したのは身代金ではなく、カリフォルニア州の社会福祉受給者全員に200万ドルの食糧を配給せよというものだった。この誘拐事件は、単なる誘拐事件以上に世間の関心を集めた。犯人が風変わりな要求を突き付けたことも理由の1つだが、それ以上に衝撃だったのは、ハーストは、ウィリアム・ランドルフ・ハースト（William Randolph Hearst）という一大メディア帝国を築いた大富豪の孫娘で、父親が『サンフランシスコ・イグザミナー』という地元紙の社長という家系の娘だったからである。

　シンバイオニーズ解放軍は、200万ドルの食糧配給を実現するために、裕福なハーストを人質に取ったのだが、事件は犯人たちも驚く意外な方向へ展開した。軟禁状態が続くにつれて、ハースト自身がシンバイオニーズ解放軍の思想に傾倒していき、しまいには親であるハースト氏やアメリカ社会を批判しだしたのである。誘拐から2カ月後には彼女自らの声で、シンバイオニーズ解放軍のメンバーになったという声明を出した。その声明の2カ月後には、ハースト自らが銃をとり、サンフランシスコ市内の銀行を襲った。

　ハーストほど裕福な家庭で育ったヒッピーは多くはないにしても、ヒッピーたちもそれなりに恵まれた環境で育った。彼らは成長するにつれて、白人中心のアメリカという国の制度や、そこから生み出される貧富の差を知るにつれて、社会正義の実現を試みるようになった。ハーストが過激左翼思想に染まったシンバイオニーズ解放軍に誘拐されて、ほどなくその一員になり、挙げ句の果ては銀行強盗を首謀するというショッキングな展開は、したがって、カウンターカルチャーの笑うに笑えぬブラック・ジョーク版だった。犯人たちが要求した生活困窮者に対する食糧支給は、ディッガーズの炊き出しサービスを連想させたし、ハーストがマシンガンを持って実行した銀行強盗は、イッピーズがニューヨーク証券取引所や電力会社で行ったパフォーマンスを連想させた。

終　章　崩れ去ったピース＆ラブ、そしてカウンターカルチャーが残したもの　*163*

カウンターカルチャーからニューエイジへ

　1970年代半ばまで来ると、カウンターカルチャーという言い方は使われなくなり、若い世代の独自のライフ・スタイルはニューエイジと呼ばれるようになっていた。ニューエイジはカウンターカルチャーが提起した問題意識を継承しつつ、東洋宗教や瞑想による全体性の回復を目指した。もはやLSDやロック音楽のような強い刺激は必要とされなかった。かつてはLSDで自己精神の探求を試みたヒッピーたちは、瞑想、ヨガ、有機農法、自己啓発セミナーなどに突破口をもとめた。それらは薬物を使わない点で、エコロジーの思想とも波長があった。エサレン研究所はその象徴的存在となった。

　この変化の象徴的存在がラム・ダスという人物だった。彼は1971年に出版した『ビー・ヒア・ナウ』で、精神の深い位置に到達するためにヨガや瞑想を薦めた。実は、このラム・ダスという人物は、実は1960年代のはじめ、ハーヴァード大学でリアリーの助手として働いていたアルパートのことだった。アルパートは1967年にインドに渡り、マハラジ（Maharaj-ji）という名の導師のもとで精神修行を積んだ。ラム・ダスという名前はマハラジが命名したものだった。

　1974年には3つのニューエイジ系雑誌が相次いで創刊された。『ニューエイジ・ジャーナル』（*New Age Journal*）は、もともとはボストンでマクロバイオティック療法についての雑誌を作っていた人たちが始めた雑誌だった。『ニューエイジ・ジャーナル』は、健康、食事、環境、核問題、自己開発などに関心をもち、広告には高額なセミナーやワークショップが並んだ。また、ジャーナリストのマリリン・ファーガソン（Marilyn Ferguson）は『脳と心の雑誌』（*Brain/Mind Bulletin*）を始めた。心理学や脳科学分野の最新の知見を取り入れた科学的な記述を軸とした雑誌だった。そして、ステュアート・ブランドは人気雑誌 *WEC* を模様替えした『季刊コエボリューション』を1974年に創刊した。新雑誌の内容は、*WEC* の特徴を継承しつつも、生態系や医療などに重点を移した。これらの雑誌の購読者には研究者がかなりいたということからも、ニューエイジは知的な側面をもつ対抗文化だった。カウンターカルチャーが反理性・反科学を標榜したとすれば、ニューエイジは科学的見地か

ら、自己能力の拡大の可能性を探った。

カウンターカルチャーの構造的矛盾

　カウンターカルチャーは、ヒッピーたちの豊かな生活の基盤となっているテクノロジーや大衆文化、ひいては社会体制を敵対視、あるいは不安視するという矛盾を含んでいた。カウンターカルチャーはアメリカの権力構造に対して的確な批判をしたことは事実だが、何がその批判を可能にしたのかを考えると、それは彼らが批判したシステムそのもののおかげであるという矛盾だった。第二次世界大戦後の経済好況、ベビー・ブーム、大量生産・大量消費社会の到来、冷戦構造におけるアメリカ的価値観の伝播の必要性と民主的なアメリカ人の育成、これらがカウンターカルチャーを生み出した背景にあった。

　ヴェトナム反戦運動にも矛盾が現れた。反戦運動に加わった学生たちは、大学生であるという理由で兵役を免除されていた。実際に徴兵されたのは、農村地帯や低所得層の、大学に進学できない家庭の子どもだった。徴兵の対象となる低所得層が反戦デモをやらず、ヴェトナムに赴かなくてもよい大学生がキャンパスで反戦デモやティーチ・インを行う現象は、改めて考えてみれば奇妙である。

　このような矛盾はヒッピーたちの責任に起因させられるものではない。彼らは、たまたま第二次世界大戦後の好景気に沸くアメリカに生まれてきたのだった。むしろ、経済的に恵まれた境遇にいたからこそ、アメリカが抱えていたさまざまな軋みを感知することができ、アメリカの進むべき道、そして個人の生き方に関して代替案を提示できたと考えるべきだろう。さらに、ベビー・ブーム世代ということで、社会に一定の影響力を与えるだけの人口を有していた。影響力というのは、地方・国政選挙における投票行動というよりは、消費者としてのヒッピー世代の行動が、独自のマーケットを形成するようになったという意味合いのほうが強い。

反抗的精神の商品化

　歴史的に見て、カウンターカルチャーが新しかった点は2つある。1つは、これが大学生を中心に展開された運動だったことである。アメリカ史においては、それまでも多種多様の社会運動や文化運動が現れたが、それらの担い手はおもに職業を持った成人だった。未就業世代が社会にインパクトを与えるような運動を展開したのは、カウンターカルチャーが最初だった。それを可能ならしめた要因として、国の教育重視政策、ベビー・ブーム、そして長期にわたる好景気が挙げられる。肉体的快楽と精神的充実を優先させたヒッピーたちのスタイルは、科学的合理性と物質的満足度を優先させる上の世代の価値観とは相容れないものだった。

　とは言っても、カウンターカルチャーは商業主義の形をとって拡散した。これが2つ目の新しい点である。若年層世代によって作られたカウンターカルチャーは、人口動態的にみて、あらゆる産業にとって魅力的だった。音楽をはじめとした娯楽産業は、ヒッピー世代に合わせた商品を開発、投入することで、ヒッピーたちを顧客として取り込むことに成功した。だから、サイケデリック・ロックを生産した音楽業界や、ヘッセのペーパーバックを印刷した出版業界は、カウンターカルチャーの陰の主役である。文化産業なしにカウンターカルチャーは生まれなかっただろう。さらに、商品としてのカウンターカルチャーは広範な人口層にアピールした。実人生でドロップアウトしてヒッピーになった人数は限られていたが、堅気な人生を送っている人でも気分の上でヒッピーを演じるために、カウンターカルチャー商品は魅力的だった。お金さえ出せば買えるカウンターカルチャーは便利だった。

　この商業主義をベースとしたカウンターカルチャーには繊細な問題が含まれていた。カウンターカルチャーは、結局のところ、その反抗的イメージを資本主義システムに利用されてしまったのではないかという批判のことである。この批判は当を得ている。たしかに、ロックもインディペンデント・シネマも、商品の内容が含む反体制的な雰囲気を売り物にして利益をあげたことは事実だからだ。だが、真に反資本主義システム的な思想を実現したいなら、本当に政治革命を起こすしか方法はないではないか。それは現実的な問いかけでは

ない。したがって、カウンターカルチャーは資本主義システムに利用されたのかどうかを問うことは、あまり意味のある問いかけだとは思えない。裏を返せば、この種のカウンターカルチャー批判は、反体制的なスタンスを利用して利潤をあげる資本主義システムの狡猾さ、反資本主義的なニュアンスを持つカウンターカルチャーまで呑み込んでしまう資本主義システムの貪欲さに対する無力感を消極的に表明しているに過ぎない。

　もっと前向きな視点から考えることもできる。商品流通の形でカウンターカルチャーが拡散したことこそ、カウンターカルチャーの真骨頂だったという見方である。カウンターカルチャーから派生したイメージは、流通可能な商品の形をとったからこそ、カウンターカルチャーのメッセージを資本主義システムにのせて伝播させることができたのだ。文化商品を作る側も若年層マーケットを無視できなかったし、ヒッピー世代も彼らの価値観が反映された文化商品を求めていた。となれば、カウンターカルチャーはヒッピーたちと文化産業の協同作業だったと言える。

　こうして考えると、当たり前のように使われる「反権力」という語に気をつけなければいけないことがよく分かる。ヒッピーたちは、ジョンソン政権やニクソン政権を打倒したかったのではないし、虚無主義に陥ったのでもなかったし、ユートピア思想に色めき立ったのでもなかった。カウンターカルチャーはむしろ、アメリカの権力体系の中枢である資本主義システムのなかに自領域を獲得することに成功したのだ。そうだとすれば、カウンターカルチャーは反権力というよりは、権力とある種の親和性を持っていたことになる。それは既存システムに追従するという意味ではなく、主流的価値観に方向転換を迫るような形で発展していった。カウンターカルチャーは「権力の中の反権力」というべき微妙な立ち位置にいたのである。

　自分のことにしか関心がなく、社会や政治に対する関心が薄いと批判されることもあったが、ヒッピーたちはとても民主主義的で現実的だった。一夜で体制は変わらないことを理解していた。アメリカという巨大システムを調律するためには、個人個人が生活の調整を積み重ねていくことでしか為し得ないという現実感覚を持っていた。ロックやドラッグ、コミューンは、けっして社会や

終　章　崩れ去ったピース&ラブ、そしてカウンターカルチャーが残したもの　*167*

現実からの逃避ではなく、彼らが現実感覚を取り戻し、自らの存在意義を社会に還元する試みであった。

　ヒッピーたちの現実感覚を、他の世代にも理解可能なように明晰な文体で著したのが、チャールズ・ライク（Charles Reich）の『緑色革命』（*The Greening of America*）だった。イェール大学ロースクール教授で、出版された 1970 年時点で 42 歳だったライクは、アメリカの歴史的発展を、「意識 I」「意識 II」「意識 III」の 3 段階で説明した。「意識 I」とは、19 世紀に形成された農民や自営業、物質的利害に基づいた立身出世による人生観を指す。「意識 II」は 20 世紀前半に確立された社会的価値観で、統合国家にとって有益な人材になるべく、組織の中でどう立ち振る舞うかに関心を持つ。そして、カウンターカルチャーは「意識 III」の段階に突入したことを示す現象だとライクは論じた。「意識 III」とは、コミュニティに生活の基盤を作り、人生を肯定することを疑わず、所与のシステムを受け入れはするが、自己を作り上げる希望に満ちている新感覚のことであり、カウンターカルチャー世代がこの「意識 III」の体現者だと論じた。

　本書が繰り返し述べてきたように、カウンターカルチャーはその一般的な印象ほどラディカルではなかった。したがって、よく使われる「反体制」という形容句を字義どおり受け取ってしまうとカウンターカルチャーの本質を見誤る。カウンターカルチャーは体制内で自分たちの文化領域を確立するプロセスであった。結局、ヒッピーたちも大量消費社会の申し子で、消費の中に自らの存在意義を見いだすよりほかなかった。彼らの存在意義は、科学的合理性至上主義社会に挑戦する過程で形成された。肉体感覚を優先し、精神領域に関心を寄せたヒッピーたちのカウンターカルチャーは、戦後アメリカの支配体制を再考しようとする文化的運動だった。

　アメリカ資本主義は効率を追求し、節制を金科玉条とし、組織的規律を守り、勤勉であり続けるというピューリタン的価値観を維持することで、自国の経済優位を維持してきた。しかし、カウンターカルチャーは、快楽追求を全面に出し、効率よりも感覚を優先し、自己表現を至上命題とした。ピューリタン的価値観とは正反対の思想であったにもかかわらず、両者は共存した。資

本主義がカウンターカルチャーを商品化することを欲したし、カウンターカルチャーも自らのメッセージを資本主義のシステムにのせた。この矛盾かつ共存する関係は当時のアメリカだけではなく、現代の先進国にも当てはまる今日的な問題でもある。私たちは一方を捨てて、どちらかの側に付くことはできない。両者の間でバランスを取りながら、自分の生活の調律と社会の全体的利益の増大を図っていくより他はない。

附　章

反逆の大衆化
──カウンターカルチャー前史としてのビート・ジェネレーション

　1950年代後半、ビート・ジェネレーションと呼ばれる作家たちが登場した。アレン・ギンズバーグ、ジャック・ケルアック、ウィリアム・バロウズ、ゲイリー・スナイダー、ローレンス・ファーレンゲッティ、グレゴリー・コルソなどの作家たちのことである。彼らは作家としてデビューする前から互いを知っており、個人的な繋がりが強かったので、ビート・ジェネレーションは1つのコミュニティから誕生したと言ってもよい。創作上のスタイルは違ったが、ビート・ジェネレーションの作家たちは次々に作品を発表し、中にはベストセラーとなる作品も現れた。
　ビート・ジェネレーションは文学的な現象にとどまらず、社会現象としてアメリカ社会を席巻した。メディアはビート作家たちの私生活や風貌を話題にし、評論家はビート作家たちが社会に与える悪影響を危惧した。一方で、ビート文学、あるいはビート的なイメージが若い層にアピールしたことも事実である。メディアは、そのような若者を「ビートニク」と呼んだ。
　本章のねらいは、ビートが大衆に受け入れられた経緯を考察することを通じ、ビート・ジェネレーションの位置づけを明らかにすることにある。新世代の文学として登場したビート・ジェネレーションだったが、アメリカ社会への影響という点では、ビートが「反抗」というイメージで広まったことが重要だった。それはちょうど、ロックンロールが反抗のアイデンティティを表す文化的意匠として機能したのと似ていた。そこで本章は、商業的に成功したケルアックの小説『オン・ザ・ロード』とギンズバーグの詩集『「吠える」その他の詩編』の2つを中心にビート・ジェネレーションを考察することとする。

分かれる評価

ビートについては、その評価が極端に分かれている。批判的、肯定的な例を1つずつ引用してみよう。

> 1950年代末になると、ビートというサブカルチャーは［サンフランシスコの］ノース・ビーチのほかにも、ロスアンジェルスのヴェニス・ウェスト、ニューヨークのグリニッジ・ヴィレッジ、ほかのヒップな場所でも見られるようになった。ビートは、言葉遣い、文学、音楽、ドラッグ、宗教について逸脱した嗜好をもっている。米国の主流的価値観とは大きく乖離しており、自発的に貧困生活を送り、黒人をかっこよいと考え、物質生活、社会的競争、労働倫理、衛生観念、性的抑圧、単婚制度、自然を征服せんとするファウスト的欲望を拒絶する。このような生活を送るフルタイムのビートはほんの数千人にも満たないことは確かだが、メディアが彼らを取りあげるために、そのイメージが中流階級に浸透し、不安に陥れている[1]。

これはアメリカ史研究者アレン・J・マタソー（Allen J. Matusow）による1984年の著作からの引用である。この解釈が示していることは、ビートは、アメリカの繁栄と安定を支える中流階級的価値観を揺さぶる危険分子だということである。当時の雑誌などに掲載されたビートを風刺するイラストあるいは写真は、ビートがどのような理解をされていたのかを示す好例である。たいていの場合、ビートとされる人物は、細身で（あるいは不健康そうで）、髭を伸ばし、安そうな黒の洋服で身を包んでいた。このような特徴は、冷戦という疑似戦争下の時代に求められる男性像とはかけ離れていた。同時代の「正しい」とされる男性の身なりは、短髪のクルーカットで、髭はきれいに剃られ、しわのない白や淡白色のシャツを着て、シャツの上からでも鍛え上げたくましい胸板が想像できた。そういう観点からビートを見れば、確かに不健康そうで、アメリカ社会の安定を揺るがしかねない存在に見えたのかもしれない。

反対に、ビート作品の読書体験が人生を変えたという証言も見つかる。次は、上掲のマタソーと同じ年に書かれた、中西部の保守的な土地で育った女性作家の回想録の引用である。

> ケルアックの『オン・ザ・ロード』は思わぬ大発見だった。その小説を貪るように読んだ。ケルアックの指から放たれた言葉がそのまま私の静脈に注がれるよ

附　章　反逆の大衆化――カウンターカルチャー前史としてのビート・ジェネレーション　*171*

うだった。(中略)私は一気呵成に読んだので話の半分も理解できなかった。保守的な中西部で生まれ育った私のような女性にはちんぷんかんぷんだったが、そこに描かれている人生についてははっきりと悟ることができた。言葉が一斉射撃のように私を貫通した。(中略)ギンズバーグの「吠える」の書き出しは火の玉のように私の頭の中で爆発した。詩の内容は私には理解できなかった。fix(注：俗語で、「麻薬を打つ」の意)なんて言葉は聞いたことがなかった。でも別の次元で、言葉が胸に強く響いた。(中略)サイレント・ジェネレーション(注：戦後の米国中流階級の特徴を示す語で、個人が人生設計において安定志向に走り、大勢に従う傾向が顕著に見られた世代を指す)の一人として、ビートに夢中になってしまったのだ[2]。

　この例のように、ビートによって人生が変わったと言う人たちに共通するのは、ビート作品が彼らに当時のアメリカを取り巻く状況に対して批判的な視点を提供したことである。反共主義に代表される政治的保守化、管理社会の浸透による人びとの生活様式の画一化、そして物質的繁栄がもたらした精神的空虚感に対するアンチテーゼとして、ビート・ジェネレーションはジャズ、ドラッグ、セックス、実存主義哲学、東洋思想、放浪などの手段で、人間性の回復を目指した真に革新的な文化運動だったと、彼らは評価するのである。現在よく目にするビート解釈の多くは、この類に属するといってよいだろう。

アレン・ギンズバーグ

　アレン・ギンズバーグは1926年、ニュージャージー州で、ユダヤ系の父とロシア移民の母との間に生まれた。父は地元の高校教師兼詩人だった。ちょうど、ギンズバーグ一家が住んでいたパターソンという町に、ウィリアム・カルロス・ウィリアムズという全国的に知られた詩人が住んでいたこともあり、ギンズバーグもウィリアムズの詩には親しみを持っていた。いっぽう、母親のナオミは精神が不安定で、入退院を繰り返していた。母親の奇行、精神病院での治療の実態を幼いときから見てきたギンズバーグは当時の様子を、長編詩「カディッシュ」(翻訳版で50頁超)のなかで次のように書いている。

　　子供だった頃　パターソンのアパートで、かあさんの神経衰弱を見守りながら

何度も長い夜を過した —— かあさんは太っていた —— 次にはいったいどうなるのだろう —— あの日の午後　僕は学校を休んでかあさんの看病をした —— ただ一度のその時 —— 僕のすばらしい宇宙の考えに反対されて —— 僕はどうしていいかわからなかった —— 3)（訳：諏訪優）

ギンズバーグの母親は、共産党に関係している自分を誰かが付け回しているという強迫観念に取り憑かれていた。

午前二時に電話が鳴った —— 非常事態 —— かあさんの気が狂ったのだ —— ナオミはベッドの下にもぐり、ムッソリーニの気狂い沙汰を怒鳴り散らかした —— 助けて！　ルイス！　ブッバ！　ファシスト！　殺される！ —— 宿のおかみはびっくりし —— 年老いた男色がかあさんの後ろで叫んだ —— 4)（訳：諏訪優）

このような母親を痛ましく感じながら、ギンズバーグは成長を遂げていった。1943年、コロンビア大学に入学したギンズバーグは、以前にも増して文学に傾倒していった。ちょうど同大学では、文芸批評家として有名だったライオネル・トリリングやマーク・ヴァン・ドーレンが教鞭を執っていて、いわば「正統」な文学観に影響を受ける一方で、先にコロンビア大学に入学していたケルアックや、ウィリアム・バロウズとの交友を通して、伝統を打破するような文学の可能性を探るようになった。

1945年、ギンズバーグはコロンビア大学を放校された。理由は、既に退学処分になっていたケルアックを大学寮の自室に住まわせたことがばれ、その際に、窓に不快とされる言葉を書いていることが見つかったことだった。大学を追放されたギンズバーグは貨物船に乗り込み、4ヶ月の長期航海へ出かけることになった。

1947年の夏、ギンズバーグは、ケルアックとニール・キャサディ（注：ケルアックの『オン・ザ・ロード』の主人公のモデルとされる人物）とともに、ニューヨークからデンヴァーへ旅をした。同行した目的はキャサディとの仲を修復することだったが、キャサディはある女性と懇意になり、ギンズバーグは失恋状態に陥った。ギンズバーグは十代の頃から自分の性的興味が同性に向かうことを自覚していた。当時のアメリカでは、同性愛者は異常扱いされてお

り、このことがギンズバーグのアイデンティティ形成に大きく影響した。傷心を慰めるためか、ギンズバーグはダカール行きの船に乗った。

　ギンズバーグの生活はドタバタ続きで、1949年には逮捕されることとなった。友人のハーバート・ハンケとその仲間があちこちから盗んできた品々をギンズバーグのアパートに置いていくことに対して、ギンズバーグは注意を与えることもなく看過していた。これが警察の知るところとなり逮捕されたのである。更正の目的でギンズバーグはニューヨークの精神病院で治療を受けることとなった。八ヶ月にわたる入院生活で知り合ったのが、「吠える」のモデルとなるカール・ソロモンである。ソロモンは精神病院に入る前はヨーロッパ各地を旅行し、フランスではアンドレ・ブルトン、ジャン・ジュネ、アントナン・アルトーなどのシュールレアリスト、ダダイストたちに会った。ソロモンはやがて自分のことをカフカの小説の主人公Kになぞらえるようになった。そしてニューヨークに戻ってくると自発的にインシュリンを使ったショック療法（注：空腹時に大量のインシュリンを注射して低血糖状態にして昏睡させたあと、グルコースを注射し覚醒させる治療）を願い出た。ギンズバーグが初めてソロモンに会ったのは彼がショック療法の昏睡から覚めたばかりのときだった。「吠える」では、ソロモンは次のように描写されている。

　　　ある者らは　ニューヨーク・シティ・カレッジでダダイズムの講義をしている奴にポテト・サラダを投げつけた　そしてふざけたことを喋りながら　精神病院の花崗岩の階段に坊主頭をあらわして即座に大脳を手術してくれとたのんでいた　ある者らは　その代わりに全然効き目のないインシュリン療法　電気療法　水治療法　作業療法　ピンポン　そして健忘症を与えられた[5]（訳：諏訪優）

　ギンズバーグの創作上の苦心は、伝統的技法からいかに跳躍するかという点にあった。父親の書く詩は伝統にのっとった技法で、詩作において父親はギンズバーグには反面教師と映った。父が伝統に忠実な詩を得意としていたことから、ギンズバーグもはじめはアカデミズムで通用するような詩を書いていたらしいが、それでは自分は他人の真似をする「腹話術師」に過ぎないことを悟り、独自の文体を模索していた。この創作上の悩みに突破口を授けたのはキャ

サディだった。のべつ幕無しに喋るキャサディから、ギンズバーグは心に浮かぶままを一気呵成に書くことの重要さを悟った。

ジャック・ケルアック

　ジャック・ケルアックは1922年、マサチューセッツ州ローウェルに生まれた。フランス系カナダ人の先祖をもつケルアックは、7歳頃まで英語がまともに喋れなかったらしい。高校でフットボールのランニング・バックの選手として才能を発揮したケルアックは、複数の大学から誘いを受け、コロンビア大学に進学することを選んだ。1940年秋のことだった。しかし、コロンビア大学での最初の年、ケルアックは右足脛骨を負傷し、選手生活を断念することとなった。フットボールへの情熱が閉ざされたケルアックは、次第に文学に傾倒するようになった。1943年には地元ローウェルの自宅に籠もり小説の執筆に取り組んだ。その後、海軍に志願したものの、規律が肌に合わず、意図的に不適合だと診断されるような振る舞いをして除隊された。

　ニューヨークに戻ったケルアックは、ギンズバーグやウィリアム・バロウズと知り合い、文学に対する関心をますます強めていった。いっぽうで私生活は波乱続きだった。1944年、ギンズバーグやバロウズとの共通の友人であるルシアン・カーが、求愛目的でしつこくつきまとうデイヴィッド・カラマーという男を刺殺してしまい、ハドソン川に遺体を投げ捨てた。カーはすぐにバロウズに会いに行き、事の顛末を話すと、バロウズからは自首するように言われた。しかし、カーはバロウズの忠告に従わず、ケルアックの所に行った。お人好しのケルアックは凶器を隠蔽するのを手伝った。その結果、カーは2年、ケルアックは2ヶ月刑務所に拘留された。

　1946年、ケルアックは『田舎と都会』というタイトルの長編を書き始めた。トーマス・ウルフを意識したような手法で書かれたこの小説は1950年に出版されたものの、ケルアック自身は出来映えには満足していなかった。売れ行きもさっぱりだった。創作上の鬱憤を抱えたまま、ケルアックは、次の（後に何度もの書き直しを経て『オン・ザ・ロード』として発表されることになる）小説に取りかかった。

『田舎と都会』を書き始めたころ、ケルアックはコロラド州からやってきたニール・キャサディと出会った。キャサディは感化院でニーチェやカントを読んだと言い、小説の書き方を教えてもらおうとケルアックに懇願したのが交流のきっかけだった。とはいうものの、キャサディは机に座って文章を書くタイプというよりは、車好きで、しょっちゅう車を盗んでは乗り回し、見境なく女性に声をかけるような男だった。

2作目を執筆していたケルアックは、創作上のヒントをキャサディの話し方から得た。キャサディは理路整然と話すのではなく、勢いにまかせてしゃべり通すような話し方をした。小説もこれと同じように、あれこれ考えて書くのではなく、一気呵成に書くべきだと、ケルアックは悟ったのである。ケルアックはすでに書きためていた第2作の執筆を中断して、キャサディの話し言葉を模倣するような方法で、一から書き直した。本人が語るところによれば、タイプライターには（通常の紙では差し替えるのが面倒なので）一巻きのスクロール紙をセットして、3週間休みなしで書き続けたという。1951年4月のことであった。

『オン・ザ・ロード』（スクロール版）を書き終えて、いくつかの出版社に送ってみたが良い返事はもらえなかった。それでもケルアックは小説を書くことに集中した。1950年代前半に執筆した作品は『オン・ザ・ロード』の他に、『地下住人たち』『マギー・キャサディ』『コディの幻想』『メキシコ・シティ・ブルース』などがある。ケルアックは1967年に逝去するが、『オン・ザ・ロード』（スクロール版）完成（1951）から『オン・ザ・ロード』発売（1957）の時期が作家としてのケルアックの多産期だった。

1950年代サンフランシスコとビート・ジェネレーションの誕生

1955年、ギンズバーグはサンフランシスコに住まいを移した。ニューヨークのグリニッジ・ヴィレッジ同様、サンフランシスコにもボヘミアン的な生き方を受け入れる素地があった。具体的には、ノース・ビーチと呼ばれる地域がそうだった。湾岸に面したこの地区にはカフェやバーが林立し、港湾労働者、ギンズバーグらのような芸術家たちが交流を持つ場として機能していた。また

チャイナ・タウンやイタリアン・タウンとも隣接し、エスニシティの点でも多様性が見られた。

　同年10月、ギンズバーグは、シックス・ギャラリーという小さな画廊で詩の朗読会を主宰し、できたばかりの長編詩「吠える」（Howl）を初披露した。観客席には、ケルアック、バロウズなどがいた。その朗読会の場にいたローレンス・ファーレンゲッティは翌年、自身が経営する書店兼出版社シティ・ライツ社から、『「吠える」その他の詩編』を発売した。ところが、サンフランシスコ市警察が詩集をわいせつ物にあたるとして、出版の差押命令を下し、ファーレンゲッティを起訴した。裁判の結果、ファーレンゲッティは無罪となり、『「吠える」その他の詩編』は発売を許可された。結果的に、これが宣伝の役割を果たし、詩集は4万部の売り上げを記録した。

　一方、ケルアックにとってもようやく日の目を見るときが来た。ヴァイキング・プレスという文芸作品を専門とする出版社が、草稿を大幅に修正するという条件で、『オン・ザ・ロード』の出版を引き受けてくれることが決まった。6年前に書きあげた『オン・ザ・ロード』は、1957年9月にペーパーバックとして発売された。この出版に至る過程については、後に詳述する。

　しかしながら、『オン・ザ・ロード』の評価は散々だった。例えば、『タイム』誌では「実験的文体で珍妙な登場人物が語られる一方で、道徳観念がそっちのけにされている」と[6]厳しく批判された。『エスクワイア』誌には、「フォークナーやジョイスを不器用に真似た代物にすぎ」ず、「浮かぶことをただズラズラと書き連ねれば済むと考えているらし」い、と書かれた[7]。他にも、『オン・ザ・ロード』は、「6年間浮浪者だったこと」の「赤裸々な告白」にすぎず、登場人物たちは「刺激を」求めているだけだ、と酷評された[8]。

　少数だが好意的な評価もあった。ギルバート・ミルスタインという評論家は『オン・ザ・ロード』を「第一級の小説」と賞賛した。「その洞察、文体、技巧いずれの点においても、他のアメリカ小説に類をみない」とし、登場人物たちの「信じることをあくまで渇望する姿勢」には、「人類史上かつてないほど激しいものがある」[9]と大賛辞をおくった。この書評は『ニューヨーク・タイムズ』という購読者数が多く、影響力の大きい新聞に載ったことが幸いしてか、

『オン・ザ・ロード』は、発売翌月の10月には『ニューヨーク・タイムズ』紙のベストセラー・リストに登場した。

「ビート・ジェネレーション」の由来

さて、ビート・ジェネレーションという言葉はどこからきたのだろうか。メディアで最初に登場したのは、1952年11月16日付『ニューヨーク・タイムズ』紙に、小説家ジョン・クレロン・ホームズが寄稿した"This is the Beat Generation"と題された記事だとされている。ホームズはこの記事のなかで、ケルアックが「ビート」という言葉を使っていたことを明らかにし、その意味として次のように説明している。

> 個人的及び社会的価値の喪失は……足下の地面を揺るがす啓示のようなものではなく、日々解決していかなければならない問題なのである。彼らにとっては、いかに生きるべきかということが、なぜ生きるのかということよりはるかに重要なことなのである。……従来のようには信じることができない状況に直面しても、なお信じようとする意志、……あらゆる側面において、そして途方もないほど多くの局面に際して、信じることをあくまで渇望する姿勢（訳：阿見明子）

を持つことがビートの本質であると説明している。ホームズは続けて、ビート・ジェネレーションは機械文明の行方に対して悲観的ではあったが、機械文明を拒否したわけではない、と論じている。彼らは精神的なことに夢中になったと同時に、資本主義経済の産物であるレコード・ラジオ・車・衣服・本などによって自らの思想や倫理を表現していたのである[10]。

ただし、ホームズが、戦後世代の特徴を「ビート・ジェネレーション」として論じたのは1952年のことで、『オン・ザ・ロード』や『「吠える」その他の詩編』が出版される前のことだった。したがって、ホームズが語った「ビート」は、ケルアックやギンズバーグのことを念頭に置いたというよりは、サイレント・ジェネレーションと形容された戦後の若い世代が共通して抱いている社会に対する懸念を語ったものである。

ケルアックも『オン・ザ・ロード』で、ビート・ジェネレーションの定義を行っている。ケルアックは主人公ディーン・モリアリティを「石の地下牢のわびしさをひきずって地下から昇ってきた人間みたいなもので、アメリカの見苦しい風来坊(ヒップスター)と表現し、ぼくもそろりそろりとその仲間になりつつある新しいくたびれた世代(ビート・ジェネレーション)」11)（訳：青山南）と書いた。別の場面では、ディーンは「みんなの前にボロ姿で惨めにバカみたいに突っ立っていた。電球の真下、骨ばった狂った顔は汗びっしょりで血管が浮き上がっていた。(中略)いまにもやつのなかにすごい啓示が訪れようとしているかのようで、(中略)やつこそビート──ビーティフィック（至福）の根っこであり、魂だ」12)（訳：青山南）と語っている。

ビートニク

ギンズバーグの詩集『「吠える」その他の詩編』とケルアックの『オン・ザ・ロード』が商業的成功を収めたことで、この2人は大衆向けメディアの取材対象となった。大衆向けのメディアでは作品自体が紹介されるというよりは、彼らの風貌や生活態度、その交友関係が注目された。例えば、ギンズバーグは、「獰猛な目つきでぞっとさせる人物」(『ライフ』1959年9月9日)で、「酒と女と絶望をこよなく愛するビートニクと称されている偏屈者集団のリーダー」(『タイム』1959年2月9日)と書かれた。詩作法について揶揄する記事も現れた。1961年3月3日の『ライフ』誌は、ロサンゼルスのコンピューター・プログラマーが、ごく限られた英文法とビート詩人がよく使う語彙500語で、ビート詩を生成するソフトを作ったと紹介した。

また、作品や作家が醸し出す「危険な雰囲気」について、大衆向けメディアのみならず、高級誌もビート現象を頻繁にとりあげるようになった。記事のタイトルだけを紹介すると、「アメリカの怒れる若者達──いかにサンフランシスコの反逆者達が手に負えないか」(『コメンタリー』1957年12月)、「何も知らないボヘミアン達」(『パルチザン・レビュー』1958年春号)、「ビート・ジェネレーションは何処へ行く？」(『エスクワイア』1958年12月)、「死んだビート達のための墓碑銘」(『サタディ・レビュー』1960年)、「ビートニクはただの

附　章　反逆の大衆化——カウンターカルチャー前史としてのビート・ジェネレーション　179

病気だ、病気だ、病気だ」(『サイエンス・ダイジェスト』1959年7月)、といった具合であった。タイトルだけを見てみても、ビート・ジェネレーションは社会に対して害悪をまき散らしているような印象を与えたことがよく分かる。

　上にあげたタイトルのいくつかに、「ビートニク」という言葉が使われていることに気が付く。「ビートニク」は造語である。1958年4月2日の『サンフランシスコ・クロニクル』紙で、コラム担当のハーブ・キャーンによって[13]、ビート作家たちのような身なり、生活態度を指して「ビートニク」という語が使われ、以後この言葉が広く使われることとなった。この造語には政治的ニュアンスが込められている。「ニク」はロシア語の接尾辞で、ちょうど前年の1957年にソヴィエトが打ち上げた無人人工衛星が「スプートニク」だった。赤狩りのピークは過ぎ去っていたものの、1950年代終わりのアメリカは、依然として反共主義の政治的抑圧が威力を保っていた時代である。人工衛星の技術は軍事転用が可能なため、米ソはその技術開発を競っていた。だから、スプートニクの打ち上げは、アメリカが先を越された出来事として理解された。ビート作家たちを、風変わりだという理由で危険分子扱いする態度がビートニクという造語に表れていると言える。『ライフ』誌（1959年11月30日）の記事によれば、ビートニクの風貌は「髭を生やし、サンダルを履き」、女性ビートニクは「不揃いな髪型で黒のストッキングを履き、アイラインを強く引く」。あるいは、「履き古されたテニスシューズ、漂白した紺のジーンズ、スウェットシャツ」で身をかため、いかつい感じの詩を書き、みすぼらしい絵を描き、セックスと反抗を貪欲なまでに渇望を追い求め」(『ニューズウィーク』誌、1959年3月16日)、「午後の早い時間から明け方まで断続的にボンゴを叩く」(『タイム』誌、1959年9月14日)のであった。

　数多くあるビートニク記事のなかでも、『ライフ』誌による「スクエアヴィル対ビーツヴィル（"Squareville vs. Beatsville"）」(1959年9月21日) は「最高傑作」と言ってよい。タイトルにある「スクエア（square）」とは四角四面な人を指し、「ビート」の対極として使われた語である。この記事は、カンザス州の人口38,000人の町ハチンソンに住む3人の女子高校生が、ロサンゼルスに住むビート詩人ローレンス・リプトンに手紙を書いたことに端を発する一悶着を紹

介したものである。女子高校生たちがリプトンに手紙を書いた目的は、ビートニクを連れてハチンソンに来てもらえないかと依頼することだった。「1週間だけビートニクになってみたいわ」と、手紙の送り主の1人が言っている。「やりたいことをやってみたいし、言いたいことは言ってみたいし。将来に影響するわけでもないしね」。リプトンは承諾したものの、この話がどこからか漏れてしまい町は大騒ぎとなり、リプトンとビートニク一行のハチンソン訪問は実現しなかった。それでも、ハチンソンの別の高校生たちは学芸会でビートニクのスキットを演じた。掲載された写真を見ると、5人の女子高校生が黒のサングラスと濃い色の帽子、サンダルを身につけ、フラフープ踊りをしている。騒動の発端となった手紙を書いた高校生たちは自宅謹慎処分を受けたので、この学芸会に参加することはできなかった。

ビートニクは反逆か

　ビート・ジェネレーションの作家、あるいはビートニクを揶揄したり、危険分子扱いするメディア記事が氾濫した一方で、この現象を広い視野で分析、理解しようと試みるメディア記事も登場した。1959年11月30日の『ライフ』誌に掲載された「世の中の唯一の反逆」(The Only Rebellion Around) は、そのような記事の1つである。この記事によれば、マッカーシズム、朝鮮戦争、冷戦構造における軍拡路線、そういったものに「ノー」の一言を突きつけたのが、ビート達であった。さらに記事は、ビート・ジェネレーションをボヘミアニズムの伝統に位置づけたうえで、（ビートニクの特徴として挙げられている）酒好きで放蕩気質な男たちは鉄道建設が盛んだった19世紀後半から存在しており、非常識にみえる言動もダダイズムやニヒリズムに先例をみつけることができると論じた。ただし、これまでのボヘミアンとビートニクを分かつのは、前者が大衆から無視されたのに対し、ビートニクは大衆の耳目を集め、しかるべき影響を与えた点である、と記事は述べる[14]。同雑誌にしては珍しく、写真よりも文章を中心にレイアウトされている同記事は興味深い。歴史に繰り返し現れる反逆的要素を含む芸術家の系譜としてビートニクを位置づけ、さらに前者にはなかった大衆の注目を浴びた点を強調しているからである。

では、何が大衆を惹きつけたのだろうか。1958年8月19日の『ルック』誌は、ビートニクは1つの世代や運動と呼べるほど規模は大きくないと前置きしたうえで、「重要なことは、ビートニクが起こしたすさまじいばかりの熱狂と魅惑である。真面目な市民はいつでもボヘミアンに興味を持っている。それがパリであれグリニッジ・ヴィレッジであれ。しかしビートニクの中流階級的価値観の否定は、今日では特別な魅力を持つ。」[15]と述べた。

『ライフ』誌に登場したカンザスの女子高校生がいみじくも言ったように、「反抗的」であることは、決して体制転覆を企てるようなニュアンスをもたず、反社会的な意図も持たない。1950年代のビート・ジェネレーションとそれにつづくビートニク現象は、メディアによって作られた「反逆」というイメージの大衆化だった。それは、冷戦構造を脅かすような性質のものではないが、冷戦構造に対する批判としては機能したかもしれない。従順主義に陥ったアメリカの体制変革を企てるような野心はないが、従順主義に対する批判としては一定の説得力を持ったかもしれない。この意味においては、ビートニクは政治性を直接持たないが、大衆の反抗への漠然とした憧れを映し出すイメージとして受容された点で戦後特有の現象であると言える。

セレブリティとしてのビート

上に挙げた『ライフ』誌や『ルック』誌の論調は、ビート・ジェネレーションをセレブリティとして理解する可能性を示唆する。ケルアックやギンズバーグは、彼らの文学作品が論じられたと同時に、彼らの存在自体も議論を引き起こした社会現象であった。メディアの批判的な言説とはうらはらに、カンザスの女子高校生のようにビートニクに興味を示す人たちが現れた。『タイム』誌や『ライフ』誌などの代表的な大衆向け雑誌が、ビート作家たちを取りあげることで、アメリカの大衆は彼らの存在を知ることとなった。ビート作家たちは、有名であること自体が意味を持つ存在になったのである。

社会学者のダニエル・ブーアスティンが1962年に発表した『幻影の時代：マスコミが製造する事実』によれば、セレブリティとはその人のイメージや特徴によって他の人々と選別される人を指す。ケルアックやギンズバーグは、ま

さにこの定義のとおり、イメージによって大多数のアメリカ人と選別されることでセレブリティとなったのである。さらに、これは連鎖反応を起こした。1959年11月に人気テレビ番組『スティーブ・アレン・ショー』にケルアックが出演したとき、司会者のアレンはケルアックを「『オン・ザ・ロード』のベストセラーによってセレブリティとなった」と紹介している。小説が売れることでセレブリティと呼ばれるようになったケルアックは、今度は人気テレビ番組に出演することで、そのセレブリティとしての存在をますます高めたのである。

セレブリティはヒーローとは違う存在である、とブーアスティンは指摘する。ヒーローは自分自身の業績によってヒーローとなるが、セレブリティはメディアによって創り出される[16]。『オン・ザ・ロード』の作者としてのケルアックの名声は彼自身の業績によるところが大きいが、ビート・ジェネレーションの旗振り役、あるいはビートニク現象のアイコンとしてのケルアックは、まさにメディアによる産物である。また、セレブリティとファンとの距離は近い、とメディア研究者のステュアート・ユーウェンは指摘する[17]。ここでいう近さとはファンが感じる心理的近さのことである。なぜなら、ビートニクの場合、大衆が潜在的に持つ反抗への憧れを体現するものとして、イメージとしてのビートニクが作られたという経緯を考えれば、必然的に大衆の心理としては、ケルアックやビートニクに親近感を持つ。突き詰めて言えば、セレブリティとは大衆自身に望まれて創り出されるイメージであるからだ。

ビートの大衆化

第二次世界大戦後、アメリカは未曾有の好景気を享受し、住宅、自家用車、さまざまな家電製品の保有率が急上昇した。白人中流階級層はこぞって町の中心から出て、郊外の新興住宅地に一戸建ての家を買い、通勤や買い物には車を使う生活を始めた。家や車を買えない経済的貧困層は町の中心に残るよりほかなかった。また、勤労形態にも変化が現れた。農業を含む自営業の割合が減り、雇われサラリーマンとして生計を立てる人が増えた。経済的安定を所与条件として生きたこの時代のアメリカ人成人は、組織の指示に従い、周りと同調

附　章　反逆の大衆化――カウンターカルチャー前史としてのビート・ジェネレーション

するような人生を選ぶ傾向が見られた（序章参照）。

　ビート・ジェネレーションの誕生から始まり、「ビートニク」と揶揄されながらもケルアックやギンズバーグ、そしてビートニク的な生き方に共感する人たちの存在がメディアをつうじて拡散していった過程は、上のような時代的状況に対する反抗的態度の大衆化として理解できる。戦後のアメリカを支配した中流階級的価値観に対する疎外感のようなものを、メディアがビート作家たちをとおして「反抗」としてメディア商品化したのである。

　興味深いことに、安定志向で没個性的な中流階級アメリカ人が増えたことに対する危惧は、ビート・ジェネレーションのような芸術家だけでなく、知識人からも発せられていた。社会学者デイヴィッド・リースマンの『孤独な群衆』(1950) をはじめとして、1950年代後半になると、ウィリアム・ホワイトの『組織の中の人間』(1956)、ジョン・K・ガルブレイス『ゆたかな社会』(1958)、チャールズ・W・ミルズ『ホワイト・カラー』(1957) と『パワー・エリート』(1958) といった書物は一様に、社会が個人にますます重くのしかかるせいで没個性化していることをアメリカ大衆に説いた。ようするに、ビート作家も大学の知識人たちも、表現方法こそ違っても、同じ問題意識を共有していたのである。

　活字メディアだけでなく、テレビ、音楽、映画なども中流階級アメリカ人に訴求できるイメージとしてビートニクを利用した。CBSテレビは1960年に『Route 66』（ルート66）を放映開始した。2人の男がシヴォレー・コルヴェットというオープンカーに乗ってアメリカを旅するというストーリーに加えて、その2人の人物設定も、中流階級育ちで今ひとつ人生の目的が定まらないトッドと、孤児院育ちのバズという組み合わせとなると、『オン・ザ・ロード』のパクリ以外の何物でもない。番組テーマ曲「ルート66のテーマ」は『ビルボード』誌チャート30位まで登った。余談だが、このテーマ曲はジャズのインストロメンタルで、ケルアックが愛したビーバップではなかった。また、1959年から1963年にかけて放映されたテレビドラマ『ドビーの青春』(The Many Loves of Dobie Gillis) には、髭を生やし、ボンゴを叩く怠惰な性格のキャラクターが登場した[18]。

1960年、CBSラジオ製作の『隠れた革命』（The Hidden Revolution）というシリーズで、「クール・リベリオン」（The Cool Rebellion）というエピソードが放送された。最初にインタビューに登場するのはロサンゼルスのヴェニスに住む19歳の女性である。彼女が感じる社会への違和感などが紹介された後、35歳の女性が今度はビートニクに対する違和感、批判を喋った。ニューヨークの公共ラジオ放送局WNYCも1960年に、『グリニッジ・ヴィレッジで気ままに』（Footloose in Greenwich Village）と名付けた、グリニッジ・ヴィレッジに住むビートニクにインタビューする内容のドキュメンタリーを放送した。

ポピュラー音楽ではビートニクの要素を取り入れる大御所シンガーが現れた。ペリー・コモは1930年代から活躍し、多くのヒット曲を歌い、テレビやラジオで活躍していた「正統」派シンガーである。コモは1960年、コンセプト・アルバム『For the Young at Heart』を発表した。収録曲のすべてのタイトルに「young」という語を含むアルバムだが、そのうちの「Like Young」では、歌詞に出てくる女性は「ケルアックを読み、怒れる若者が行くような場所へ行き、詩を朗読」するのだから立派なビートニクである。別の例では、パッツィ・レイ＆ビートニクス（Patzy Raye & The Beatniks）というグループが「Beatnik Wish」という曲を発表したが、ヒットには及ばなかった。1960年にも、インストロメンタルのロックバンド、ジョニー＆ハリケーンズ（Johnny & the Hurricanes）の「Beatnik Fly」がチャート15位にランクインした。曲自体には、ビートニクの代名詞であるボンゴやジャズの要素はあまりないので、タイトルだけビートニク現象にあやかったという感じである。

文学作品として登場したビート・ジェネレーションが、社会に対する「反抗」の意味を付与させられ、テレビや映画、音楽などの文化商品がそのイメージを利用するに至る過程は、戦後アメリカのポピュラー・カルチャーにおいて、「反抗」をメッセージとした文化商品のさきがけと言ってよい。これは、政治運動のような意味合いはなく、アメリカ大衆が自己認識をする際の選択肢の1つとしてビートのような「反抗」のイメージを活用するのである。

『オン・ザ・ロード』出版までの紆余曲折

　『オン・ザ・ロード』の出版に至るまでの過程をたどると、ケルアックの関心事が、芸術的理想を追い求めると同時に商業的成功にも固執していたことがよく分かる。デビュー作『田舎と都会』を執筆したのは1947年から1949年にかけてであり、1949年3月にハーコート・ブレイス社が出版を引き受けることが決まり、1950年3月に出版された。さて、『オン・ザ・ロード』の着想を得たのが1948年10月とされているので、『田舎と都会』執筆の最中であったことになる。ほどなくして、『田舎と都会』の出版が決まったこともあって、ケルアックは意気揚々と2作目となるはずの『オン・ザ・ロード』に取り組んだが、ほとんど進まなかったようである。

　翌年の1949年5月、ケルアックは1人でデンヴァーに旅した。『オン・ザ・ロード』の執筆は試行錯誤が続いていた。9月には『田舎と都会』の出版にむけた作業が終わったので、『オン・ザ・ロード』の執筆に集中できる環境が整ったはずだが、ケルアックは行き詰まり感から脱せないままであった。1950年3月、『田舎と都会』が発売されたが、商業的成功は望めそうにないことを早々に悟った。6月、ケルアックはキャサディほかの友人たちともにメキシコ・シティへ旅行した。

　現在私たちが読める『オン・ザ・ロード』の原形は、1951年4月に3週間で書き上げたというスクロール版である。ストーリーは1947年ケルアックがはじめてキャサディと出会ったときからはじまり、最後のメキシコ・シティへの旅行までの計5回の旅行について書かれた内容となっている。

　『オン・ザ・ロード』を出版することになるヴァイキング社が、ケルアックに接触したのは1953年7月だった。同社のマルコム・カウリーはアメリカ文芸界で多大な影響力を持った名物編集者で、過去にはヘミングウェイやフォークナーを手がけ、老舗文芸誌『ニュー・リパブリック』の編集にもたずさわったことがあった。『オン・ザ・ロード』（スクロール版）を読んだカウリーは、ヴァイキング社内で出版の可能性について検討を始めた。カウリーは、草稿のままでは出版できるとは考えておらず、かなり手を入れる必要を感じていた。カウリーがもっとも懸念したのは、性に関する内容とその表現、名誉毀損で訴

えられるおそれのある部分だった。性に関する部分では、性行為の描写、とくに同性愛にまつわる内容は世間的に受け入れられないとして削除する必要があった。名誉毀損については、スクロール版には実在する人物が実名のままで多数登場するため、名誉毀損で出版社とケルアックを訴えるリスクを回避する必要があった。

　カウリーの要求に応じる形で、ケルアックはスクロール版に手を加える作業に取りかかったものの、じきにヴァイキング社は出版を見送る決定をした。だが、カウリーはケルアックを『ニュー・ワールド・ライティング』という雑誌に紹介し、スクロール版からの抜粋を「ビート・ジェネレーションとジャズ」というタイトルで掲載するよう計らった。この短編の評判も芳しくなかった。カウリーはほかにも彼の人脈を使い、スクロール版のエピソードの1つを『パリス・レヴュー』誌に掲載できるように手を回した。

　ヴァイキング社が『オン・ザ・ロード』の出版を再検討しはじめたのは1955年9月だった。出版の条件は前回と同じく、構成面での修正に加えて、猥褻表現によって発禁処分にならないように性的表現の削除あるいは修正、そして登場人物が特定されないように修正することの3つだった。ケルアックはこの条件を丸呑みした。同年10月には、サンフランシスコのシックス・ギャラリーの朗読会が注目を集めたことから、ヴァイキング社も『オン・ザ・ロード』出版に本腰を入れだした。ケルアックも、ギンズバーグの「吠える」が注目されたのを見て、自分の小説の成功を優先的に考えるようになったのだろう[19]。1956年になっても、まだ出版の確約は得られず、ケルアックは焦りを見せていた。出版契約書を交わしたのは1957年1月のことで、この年の8月に『「吠える」その他の詩編』をめぐる裁判が開かれ、ケルアック、ヴァイキング社ともにその判決の行方を案じていた。判決は無罪ということで両者に味方し、9月に『オン・ザ・ロード』は刊行された。

　ケルアックがカウリーの助言を受け入れた理由は、書き上げたばかりの『オン・ザ・ロード』（スクロール版）を1951年6月、『田舎と都会』の出版社であるハーコート・ブレイス社に持ち込んだとき、内容が過激すぎるとの理由で出版を断られた経緯があったからだと思われる。ハーコート・ブレイス社から

2作目を出すことが叶わなくなった後、今度はA・A・ウィン社から『オン・ザ・ロード』出版のオファーを受けた。契約も交わし、前渡し金まで受け取りながらも、完成した原稿を読んだA・A・ウィン社の担当編集者は、期待していた内容とは大きくかけ離れていたという理由で、出版を見送った。2つの出版社との交渉が決裂したことからくる失意と経済的困窮から、ケルアックは1952年の夏には、紡績工場や鉄道会社で働かざるを得ないところまで追い込まれた。

以上が、『オン・ザ・ロード』出版に至るまでの過程である。この期間を、作家としてのケルアックがどのように変化したのかに焦点をあてて振り返れば、次のようにまとめることができる。ケルアックは『田舎と都会』で用いた伝統的な執筆手法には満足しておらず、創作的側面で行き詰まった状態のまま『オン・ザ・ロード』の執筆に取りかかったが、キャサディとの旅行体験がケルアックに文学的啓示を与え、その成果が1951年4月に3週間で書きあげたスクロール版である。あとは、これを現実的要請にしたがって商品化した小説が1957年に発売されたわけである。改稿に改稿を重ねて出版された『オン・ザ・ロード』は、前述したとおり、予想外の売れ行きを記録した。

現実的に、かつ過激に

『オン・ザ・ロード』発売まもなく、ケルアックは「即興的散文の極意」という短い文章を『ブラック・マウンテン・レビュー』という文芸誌に発表した。それによると、「センテンスとセンテンスの間にピリオドを打つな」「最適な言葉を探すために手を止めてはいけない」「英語の海を規則に囚われずに泳ぐこと」「改善のために（一旦書いたものを）再考してはいけない」などの助言が箇条書きで並べられている[20]。『オン・ザ・ロード』ではヴァイキング社の要請にしたがって、大がかりな削除・修正を行ったにもかかわらず、「再考してはいけない」「ピリオドを打つな」などと矛盾することを読者に説くという一貫性の欠如を、私たちはどう理解すればよいだろうか。

ケルアックは、出版社との交渉では現実的に対応した一方で、いったん作品が発表されると、読者あるいは大衆に向かっては、（本人が意図したかどうか

は別にして) 過激さを強調したのである。過激さの強調は作家側のみに帰せられる問題ではない。出版社側も、『オン・ザ・ロード』が「反抗的」で「社会批判的」な要素を持つことは織り込み済みで、それが大衆にアピールすることを確信していたことはすでに述べた。そしてメディアも、発売された『オン・ザ・ロード』の過激さに注目したのである。雑誌や新聞で作品、ケルアック本人、やがてビートニクが紹介されるという過程をたどることになるのだが、ケルアックはこれらの過程で、セレブリティとして常にスポットライトを浴び続けた。

これは、『オン・ザ・ロード』という1冊の本が脚光を浴びたというよりは、複数の次元で『オン・ザ・ロード』的なるものが脚光を浴びたと言うべきである。作者ケルアックや、『オン・ザ・ロード』の登場人物が放つ「反抗」的なイメージが一定の大衆を惹きつけたのはもちろんのこと、同小説出版に至った改訂にまつわる裏話までが『オン・ザ・ロード』人気を増幅させたのである。そうした例の1つとして、ギンズバーグは1958年に書いたケルアックの別の小説『禅ヒッピー』(The Dharma Bums) の書評の中で、『オン・ザ・ロード』が出版社によって改悪されたことを嘆いた[21]。こうしたトリビアが知られることにより、読者は、読むことが叶わない修正前の『オン・ザ・ロード』について想像をめぐらせることになり、このことがいっそうケルアック本人のセレブリティ化や、『オン・ザ・ロード』の聖典化に繋がっていった。

この特徴は、ケルアックより少し前にベストセラー小説『ライ麦畑でつかまえて』を書いたJ・D・サリンジャーと比較すれば、より良く理解できる。1951年発表のサリンジャーの同小説は、社会に対して毒づく十代の少年が主人公である。社会に対する異議申し立てという点では、『オン・ザ・ロード』と共通する。ただし、決定的な違いは、サリンジャーは小説が売れてもメディアに登場することはなく、逆にニューハンプシャー州の小さな町に身を隠してしまった点である。サリンジャーはその後も小説をいくつか発表して、メディアには書評が掲載され、売れ行きも好調だったが、作者本人が表に出てくることはなかった。つまり、サリンジャーはセレブリティにはならなかった。

『オン・ザ・ロード』の魅力はノスタルジアの一言に集約される。1950年代

後半のアメリカは大きく変容を遂げていた。ケルアックが旅したアメリカ、すなわち『オン・ザ・ロード』スクロール版で描いたのは 1940 年代終わりのアメリカであり、消えつつある古きアメリカに対する慕情のようなものが主人公 2 人の口から放たれる。キャサディをモデルにした小説中の人物ディーン・モリアリティの行動はたしかに過激で無鉄砲だが、望んでいるのは平穏な生活であり、けっして体制変革を目論んでいるのでもなければ、反社会的思想を掲げているのでもない。この点は、ケルアック自身とされている登場人物サル・パラダイスについても同じである。ようするに、彼らはどちらかといえば、アメリカ社会の変化に対してとまどいを隠せない保守的な考えの持ち主なのである。『オン・ザ・ロード』で読者が遭遇するのは、社会と上手に折り合いをつけられない 2 人のはぐれ者であり、その 2 人が旅行をつうじて、多くのはぐれ者たちと出会う。それは彼らにとって、現代のアメリカが失った「聖なるもの」をさがす旅だった。結局、彼らは聖なるものを見つけることができたのか、それは分からない。とにかく彼らは自動車に乗ってアメリカを旅した。その姿は、1969 年のヒット映画『イージー・ライダー』の主人公たちと見事に重なる（第 6 章参照）。

ビートとカウンターカルチャー

　ここまで述べてきたように、1950 年代後半のビート・ジェネレーションは文学的現象にとどまらず、若い世代にとっては「反抗」のアイデンティティを示す文化的現象に発展した。メディアによって描かれる「ビートニク」のイメージが、戦後のベビーブームで増えた若い中流階級層に対して、その独特のライフスタイルを喧伝する役割を果たした。
　ちょうどこの時期は、「挑発的」なロックンロールがベビーブーマーたちの感性を刺激する音楽として大衆音楽マーケットに登場した時代でもあった。映画でも、マーロン・ブランドやジェームス・ディーンが演じたのは、社会に対する苛立ちを隠しきれない若者だった。文学、音楽、映画とジャンルは違っても、文化産業が「反抗」的メッセージを含んだ作品を投入するという新しいパターンが生まれたのが 1950 年代後半で、ビート現象はそのような 1 つのケー

スであった。

　「反抗」がメッセージとして影響力を持つ傾向は1960年代に入っても変わらなかった。それがもっとも顕著に、かつ社会的メッセージを包含した形で表れたのが1960年代後半のカウンターカルチャーだったことは、本書の各章で論じたとおりである。また、カウンターカルチャーはメディア・イベントという要素も強かった。これはビート現象ではあまり見られなかった点である。メディアとの関連でビートとカウンターカルチャーを比較してみると、親和性という点において両者には相違が見られる。たしかに、ビート現象もメディアの存在なくしては起こりえなかった。しかし、ビート作家たちはメディアを上手に利用したとは言いがたい。ケルアックが良い例である。彼は、活字メディアのみならずテレビやラジオにも出演したが、メディアとの付き合い方において戦略があったとも思われず、戯れる術を持っていたとも思われない。彼はメディアの好奇心の餌食になってしまった。「セレブリティ」としてメディアで祭り上げられたせいで、すっかり人間不信に陥り晩年は酒浸りの毎日を送った。

　ビート作家たちのメディアに対するナイーブさは、ある程度は時代的なものである。1950年代といえば、テレビの普及が始まった時代であり、大量消費時代が幕を開けた時代でもあった。それに合わせて、広告の目的が単に商品を宣伝することから、商品を買うことによって身につけることができるイメージを売ることに変わっていった（第2章参照）。ビート作家たちはテレビのない時代に育ち、テレビが普及した時代に「セレブリティ」の役割を負わせられたのだった。一方、約10年の時代差があるヒッピーたちはテレビを見ながら育った[22]。有り体に言えば、ヒッピーたちはメディアの使い方を心得ていた。彼らは決して、メディアを権力の手先だと考えたのではなく、自分たちの体の延長としてメディアを利用した。典型例は、サンフランシスコ・マイム・トループとYIPであろう（第3章参照）。

　メディアとの親和性が高かったとは言えないが、ビート作家たちはセレブリティとしての顔を持ち合わせた新しいタイプの作家たちであった。作品自体が論じられただけではなく、作家個人の生活感のようなものまでがメディア言

説の対象となり、特にケルアックは時代の申し子のような扱いをされた。「ただの」作家ではすまされなくなり、その文学的価値とは別の次元で、大衆の関心をかっさらったという意味において、ビートはセレブリティの役割を果たした。

　ケルアックやギンズバーグの作品は、戦後アメリカの政治的保守性、高度経済成長の帰結としての物質至上主義等に対する批判として機能したが、いったんマーケットで商品が流通し、メディアが彼らにまつわるイメージの醸成を形成する過程で、元々は主流に対する反抗だったものが、反抗自体が自己目的化するような様相を呈し始めた。当時、ドワイト・マクドナルドという評論家が中流階級に享受される文化を「マス・カルチャー」と呼び、体制迎合的であると揶揄したが、ビートの反体制迎合的なイメージは、その中流階級に受け入れられたのだった。ビートは、迎合と反抗という矛盾する2つの要素を合わせ持った、おそらく最初の文化現象であった。この矛盾する関係性がビートのもっとも重要な特徴であった。「マス・カルチャー」は、現代では「ポピュラー・カルチャー」と呼ばれることが一般的である。ビートはポピュラー・カルチャーを批判する形をもったポピュラー・カルチャーだった。

　ここには皮肉が存在することを見逃してはならない。ビート作家たちやビートニクと呼ばれた人たち（反抗的なイメージになんとなく魅力を感じた人も含めて）は、大量消費社会や画一的ライフスタイルに対して批判的なスタンスをとったが、そのメッセージが伝播されるためには、前提として大量消費社会が必要だったという皮肉には、彼ら自身はおそらく気が付いていなかった。反抗のための舞台は反抗の対象によって整えられていたのである。これは体制への迎合なのか、体制に対する反逆なのか、それとも体制に取り込まれたのか、どれか1つに決めることはできない。どれもビートの一側面を言い当てており、この矛盾の内包はカウンターカルチャーに引き継がれることとなった。

注

1) Allen Matusaw, *Unraveling of America: The History of Liberalism in the 1960s* [with a new preface] (Athens: University of Georgia Press, 2009), 287.

2) Marilyn Coffey, "Those Beats!" *Social Text* (Spring/Summer 1984), 238-240.
3) アレン・ギンズバーグ「カディッシュ」『ギンズバーグ詩集　増補改訂版』思潮社、1983年、74.
4) アレン・ギンズバーグ「カディッシュ」、80.
5) アレン・ギンズバーグ「吠える」『ギンズバーグ詩集　増補改訂版』思潮社、1983年、19.
6) David Dempsey, "In Pursuit of Kicks," *New York Times* (September 8, 1957), 4.
7) Norman Podhoretz, "Where Is the Beat Generation Going?" *Esquire* (December 1958). 訳は、木下哲夫による（『現代詩手帖　ビート・ジェネレーション』思潮社、1988年、81）
8) ハワード・カネル「こんどは速く　ジャック・ケルアックと『オン・ザ・ロード』という書」、ジャック・ケルアック『スクロール版　オン・ザ・ロード』河出書房新社、2010年、466.
9) Gilbert Millstein, "Books of the Times: *On The Road*," *New York Times* (September 5, 1957)。訳は、阿見明子による（『現代詩手帖　ビート・ジェネレーション』思潮社、1988年、66）
10) ホームズの引用は、ギルバート・ミルスタイン「書評『オン・ザ・ロード』」『現代詩手帖　ビート・ジェネレーション』思潮社、1988年、66。原文は、John Cllelon Holmes, "This is the Beat Generation," *New York Times Magazine* (November 16, 1952), 10.
11) ジャック・ケルアック『オン・ザ・ロード』河出書房新社、2007、76-77.
12) ケルアック、272-273.
13) Caenの表記であるが、「ケイン」とカタカナ表記するのが通例となっている。しかし、WikipediaによればCaenの発音は/kæn/ということなので、キャンと表記することにした。
14) Paul O'Neil, "The Only Rebellion Around," *Life* (November 30, 1959), 114-115.
15) "The Bored, the Bearded, and the Beat," *Look* (August 19, 1958), 68.
16) Daniel Boorstin, *The Image: A Guide to Pseudo-Events in America* (New York: Vintage, 1992), 61.
17) Stuart Ewen, *All Consuming Image: The Politics of Style in Contemporary Culture* (Boston: Basic Books, 1990), 94-95.
18) Louis Menand, "Drive, He Wrote: What the Beats Were About," *New Yorker* (October 1, 2007), 89-90.
19) カネル、439.
20) Jack Kerouac, "Essentials of Spontaneous Prose," in *The Portable Jack Kerouac*, ed. by Ann Charters, (New York: Viking Press, 1995), 484-485.

21) Allen Ginsberg on *The Dharma Bums*, Village Voice (November12, 1958), 3-5.
22) John Arthur Maynard, *Venice West: The Beat Generation in Southern California* (New Brunswick: Rutgers University Press, 1991), 7.

第 2 版あとがき

　このたび、本書が改訂される運びとなった。2014 年に刊行された本書は、学術書に近い形をとりながらも、より広範な読者を想定して書かれた。もし、著者のそのような思いが読者に伝わり、多くの方に本書を読んでいただいた結果として、このように改訂の機会を得られたのだとしたら、著者として望外の喜びである。

　改訂にあたって、新たに 1 章分を書き下し、第 2 版とすることにした。追加する章のテーマについては幾つか案はあったが、最終的にビート・ジェネレーションについて書くこととした。そう決めた理由の 1 つは、多くの学生からビート・ジェネレーションとカウンターカルチャーとの関係について質問を受けることが多く、この機会に私なりの考えを整理しておくことで、読者諸氏が両者の関係を考察する際の手がかりとなればよいと思ったからである。

　本書は、「長い 1960 年代（The Long 1960s）」という視点でカウンターカルチャーを分析している。1960 年代はアメリカが大きく変容した時期であることは論を待たないが、この変容は 1960 年代の文字どおりの 10 年で起きたのではなく、その前後も含めた約 20 年で変容したと考える歴史観を指して「長い 1960 年代」と呼んでいる。その意味で、「長い 1960 年代」初期の重要な文化的現象として、ビート・ジェネレーションは考察されるべきテーマであると判断したのが 2 つめの理由である。

　今回追加したビート・ジェネレーションの章については、目黒志帆美氏に草稿を読んでいただき、有益な助言をいただいたことを感謝申し上げたい。また、改訂にあたり、大学教育出版の渡邉純一郎氏には編集を担当していただいたことにも深く感謝申し上げたい。

2019 年 6 月

竹林　修一

あ と が き

　一冊の本が出版されるまでには、実に多くの人びとの協力が必要となります。なかでも、最大の献辞を大阪大学外国語学部の杉田米行先生に捧げたいと思います。カウンターカルチャーの概説書を執筆したいという私の企画に興味を示してくださり、それだけでなく、遅筆の私を温かく見守り、草稿を読んでいただき、有益な助言をいただくことができたおかげで、本書はこうして形になることができました。それから、学会や研究会の仲間からも多大なる励ましや助言をいただけたことも幸いでした。実際、International American Studies Association、日本アメリカ史学会、関西アメリカ史研究会、そして関西日米交流フォーラムにおいて、本書と関係する内容で発表の機会を与えていただき、多くの方々からご教示をいただきました。アメリカ史研究者としての私を作り上げてくれたのは、ペンシルバニア州立大学ハリスバーグ校とミシガン州立大学の2校の大学院で指導をしていただいた多くの先生方です。すべてのお名前を記すことはできませんが、Simon Bronner, John Gennari（以上ペンシルバニア州立大学）、Kirsten Fermaglich, Sayuri Guthrie-Shimizu, Ann Larabee, David Stowe（以上ミシガン州立大学）の6人には特別の感謝の意を示したいと思います。さらに、近畿大学中央図書館には、執筆用の個室を長期間貸していただきました。最後になりましたが、大学教育出版の佐藤守社長、編集を担当していただいた安田愛氏にも、いろいろとご苦労をかけたことをお詫びするとともに深く感謝します。ありがとうございました。

2014年3月

竹林　修一

文　献

入手可能なもののみ。絶版の文献は割愛した。

一次史料

〈新聞・雑誌〉

The Berkeley Barb

San Francisco Express Times

Ramparts

Rolling Stone

The Whole Earth Catalog

二次史料

佐藤良明『ラバーソウルの弾みかた　ビートルズと60年代文化の行方』平凡社、2004年

Anderson, H. Terry. *The Movement and The Sixties: Protest in America from Greensboro to Wounded Knee*. Cambridge: Oxford University Press, 1996.

Bell, Daniel. *The Cultural Contradictions of Capitalism*. New York: Basic Books. 1976.

Dickstein, Morris. *Gates of Eden: American Culture in the Sixties*. New York: Basic Books, 1977.

Farber, David. *The Age of Dreams: America in the 1960s*. New York: Hill and Wang, 1994.

Farber, David ed. *The Sixties: From Memory to History*. Chapel Hill: University of North Carolina Press, 1994.

Gitlin, Todd. *The Sixties: Years of Hope, Days of Rage*. New York: Bantam. 1987.

Halberstam, David. *The Best and the Brigtest*. New York: Random House, 1972.（ハルバースタム「ベスト＆ブライテスト」新版全3巻　サイマル出版会、1983年）

Jackson, Kenneth T. *Crabgrass Frontier: The Suburbanization of the United States*. New York: Oxford University Press, 1985.

May, Lary ed. *Recasting America: Culture and Politics in the Age of Cold War*. Chicago: University of Chicago Press, 1989.

Miller, James. *"Democracy Is in the Streets": From Port Huron to the Siege of Chicago*. New York: Simon and Schuster. 1987.

Peck, Abe. *Uncovering the Sixties: The Life and Times of the Underground Press*. New York: Pantheon, 1984.

Perry, Charles. *The Haight-Ashbury*. New York: Vintage, 1985.
Rossinow, Doug. *The Politics of Authenticity: Liberalism, Christianity, and the New Left in America*. New York: Columbia University Press, 1998.

序章
一次史料
Friedan, Betty. *The Feminine Mystique*. New York: Dell, 1963.（ベティ・フリーダン『新しい女性の創造』大和書房、2004 年）
二次史料
Horowitz, Daniel. *Betty Friedan and the Making of* the Feminine Mystique: *The American Left, the Cold War, and Modern Feminism*. Amherst: University of Massachusetts Press, 1998.
Kirkpatrick, Sale. *The Green Revolution: The American Environmental Movement, 1962-1992*. New York: Hill and Wang, 1993.
May, Elaine Tyler. *Homeward Bound: American Families in the Cold War Era*. New York: Basic Books, 1988.
Roszak, Theodore. *The Making of a Counterculture: Reflections on the Technocratic Society and Its Youthful Oppositions*. Berkeley: University of California Press, 1995 [1969].

第 1 章
一次史料
The Complete Monterey Pop Festival. Directed by D.A. Pennebaker et al. The Foundation, 1968. DVD. The Criterion Collection, 2002.
二次史料
Marcus, Greil. *Mystery Train: Images of America in Rock 'n' Roll Music*. New York: E. P. Dutton, 1975.（グレイル・マルカス『ミステリー・トレイン　ロック音楽にみるアメリカ像』第三文明社、1989 年）
The Rolling Stone Illustrated History of Rock and Roll: The Definitive History of the Most Important Artists and Their Music. New York: Random House, 1992.
Onkey, Lauren. "Voodoo Child: Jimi Hendrix and the Politics of Race in the Sixties" in *Imagine Nation: The American Counterculture of the 1960s and '70s*. eds by Braustein and Doyle. New York: Routledge, 2002.

第2章

[一次史料]

San Francisco Oracle

Wolfe, Tom. *Electric Kool-Aid Acid Test*. New York: Picador, 2008.（トム・ウルフ『クール・クール LSD 交感テスト』太陽社、1996 年）

[二次史料]

Frank, Thomas. *The Conquest of Cool: Business Culture, Counterculture, and the Rise of Hip Consumerism*. Chicago: University of Chicago Press, 1998.

Huxley, Aldous. *The Doors of Perception. London*: Thinking Ink, 2011.（オルダス・ハックスレー『知覚の扉』平凡社ライブラリー、1955 年）

Stevens, Jay. *Heaven: LSD and the American Dream*. New York: Harper and Row, 1988.

Beauchamp, Cari and Judy Balaban "Cary in the Sky with Diamond," *Vanity Fair*（August 2000): 82-86, 113-116.

第3章

[一次史料]

Diggers Archives（http://www.diggers.org）

Grogan, Emmett. *Ringolevio*. Boston: Little Brown, 1972.

Hoffman, Abbie. *Revolution for the Hell of It*. New York: Dial Press, 1968.

Rubin, Jerry. *Do It! Scenarios of the Revolution*. New York: Simon & Schuster, 1970.

[二次史料]

Farber, David. *Chicago '68*. Chicago: University of Chicago Press. 1988.

Gitlin, Todd. *"The Whole World is Watching!" Mass Media in the Making and Unmaking of the New Left*. Berkeley: University of California Press, 1980.

Mason, Susan Veneta. *The San Francisco Mime Troupe Reader*. Ann Arbor, Michigan: The University of Michigan Press. 2013.

第4章

[一次史料]

Galbraith, John Kenneth. *The Affluent Society*. New York: Mariner Books, 1998.（J・K・ガルブレイス『ゆたかな社会』岩波書店、2006 年）

[二次史料]

Miller, Timothy. *The 60s Communes: Hippies and Beyond*. Syracuse: Syracuse University Press, 1999.

第5章

[一次史料]

Castaneda, Carlos. *The Teaching of Don Juan: A Yaqui Way of Knowledge*. Berkeley: University of California Press, 1968.（カルロス・カスタネダ『ドン・ファンの教え』太田出版、2012 年）

[二次史料]

Miller, Timothy. *The Hippies and American Values*. Knoxville: University of Tennessee Press, 1991.

Washburn, Wilcomb ed. *Handbook of North American Indian* vol.4, History of Indian White Relation. Washington DC: Smithsonian Institution Press, 1988.

第6章

[一次史料]

Easy Rider. Directed by Dennis Hopper, Columbia Pictures, 1968.
Midnight Cowboy. Directed by John Schlesinger, United Artists, 1969.
The Graduate. Directed by Mike Nichols, United Artists & Embassy Pictures, 1967.
Bonnie and Clyde. Directed by Arthur Penn, Warner Brothers, 1967.

[二次史料]

Berra, John. *Declaration of Independence: American Cinema and the Partiality of Independent Production*. Chicago: Intellect Books, 2008.

Biskind, Peter. *Easy Rider, Raging Bulls: How the Sex-Drug-And-Rock 'n' Roll Generation Saved Hollywood*. New York: Simon & Schuster, 1998.

James, David E. *Allegories of Cinema: American Film in the Sixties*. Princeton: Princeton University Press, 1989.

Sklar, Robert. *Movie-Made America: A Cultural History of American Movies*. [Revised Edition] New York: Vintage Press, 1994 [1975].

第7章

[一次史料]

Didion, Joan. "Slouching Towards Bethlehem," *Saturday Evening Post* (September 23, 1967), 25-31, 88-94.

Mailer, Norman. "White Negro," in *Advertisement for Myself*. Cambridge: Harvard University Press, 1992.

Mills, Nicolaus. *The New Journalism: A Historical Anthology*. New York: McGraw-Hill, 1974.

Talese, Gay. *Honor Thy Father* [updated edition]. New York: Harper Perennial, 2009.

Thompson, Hunter S. *Hells Angels: A Strange and Terrible Saga*. New York: Ballantine Books, 1996.（ハンター・S・トンプソン『ヘルズ・エンジェルズ―地獄の天使たち異様で恐ろしいサガ』国書刊行会、2004）

Wolfe, Tom. *The Electric Kool-Aid Acid Test*. New York: Bantam, 1968.（トム・ウルフ『クール・クール LSD 交感テスト』太陽社、1996 年）

Wolfe, Tom. *The Kandy-Kolored Tangerine Flake Streamline Baby*. New York: Farrar Strauss & Giroux, 1965.

二次史料

Weingarten, Marc. *Gangs That Wouldn't Wright Straight*. New York: The Three Rivers, 2005.

第 8 章

二次史料

Levy, Steven. *Hackers: Heroes of the Computer Revolution*. New York: Penguin Books, 1994.（スティーブン・レビー『ハッカーズ』工学社、1987 年）

Rozsak, Theodore. *The Cult of Information: A Neo-Luddite Treatise on High-Tech, Artificial Intelligence, and the True Art of Thinking*. Berkeley: University of California Press, 1986.

終 章

一次史料

Dass, Ram. *Be Here Now*. San Cristobal, New Mexico: Lama Foundation, 1971.（ラム・ダス『ビー・ヒア・ナウ―心の扉をひらく本』平川出版社、1987 年）

Marcuse, Herbert. *One-Dimensional Man: Studies in the Ideology of Advanced Industrial Society*. Boston: Beacon Press, 1964.

President's Commission on Campus Unrest. The Report of the President's Commission on Campus Unrest. Washington, D.C.: US Government Printing Office. 1970.

Reich, Charles. *The Greening of America: How the Youth Revolution Is Trying to Make America Livable*. New York: Random House, 1970.

附 章

一次史料

ジャック・ケルアック『オン・ザ・ロード』（青山南訳）河出書房新社、2007 年

ジャック・ケルアック『スクロール版　オン・ザ・ロード』（青山南訳）河出書房新社、

2010 年

アレン・ギンズバーグ『アレン・ギンズバーグ詩集　増補改訂版』（諏訪優訳）、思潮社、1991 年

ダニエル・ブーアスティン『幻影の時代：マスコミが製造する事実』（星野・後藤訳）、東京創元社、1964 年

|二次史料|

Charters, Ann ed., *The Portable Beat Reader*. New York: Penguin Books, 2003.

デイヴィッド・ハルバースタム『ザ・フィフティーズ：1950 年代アメリカの光と影　全 3 巻』（峯村利哉訳）ちくま文庫、2015 年（特に第 22 章）

シリーズ監修者

杉田 米行（すぎた よねゆき） 大阪大学言語文化研究科教授

著者紹介

竹林 修一（たけばやし しゅういち）
東北大学高度教養教育・学生支援機構准教授
ペンシルバニア州立大学（アメリカ研究、M.A.）、ミシガン州立大学（アメリカ研究、Ph.D.）専門は20世紀アメリカ文化史。

ASシリーズ第12巻

カウンターカルチャーのアメリカ　第2版
―希望と失望の1960年代―

2014年 5月10日　初　版第1刷発行
2019年10月20日　第2版第1刷発行

■著　者　──　竹林修一
■発行者　──　佐藤　守
■発行所　──　株式会社 大学教育出版
　　　　　　　〒700-0953　岡山市南区西市855-4
　　　　　　　電話 (086) 244-1268　FAX (086) 246-0294
■印刷製本　──　モリモト印刷㈱

© Shuichi Takebayashi 2014, Printed in Japan
検印省略　落丁・乱丁本はお取り替えいたします。
本書のコピー・スキャン・デジタル化等の無断複製は著作権法上での例外を除き禁じられています。本書を代行業者等の第三者に依頼してスキャンやデジタル化することは、たとえ個人や家庭内での利用でも著作権法違反です。
ISBN978-4-86692-041-2